A PESTE DAS ALMAS

Histórias de Fanatismo

MARCOS ANTÔNIO LOPES E MARCOS LOBATO MARTINS

A PESTE DAS ALMAS

Histórias de Fanatismo

FGV
EDITORA

ISBN 85-225-0555-1

Direitos desta edição reservados à
EDITORA FGV
Praia de Botafogo, 190 — 14º andar
22250-900 — Rio de Janeiro, RJ — Brasil
Tels.: 0800-21-7777 — 21-2559-5543
Fax: 21-2559-5532
e-mail: editora@fgv.br — pedidoseditora@fgv.br
web site: www.editora.fgv.br

Impresso no Brasil / *Printed in Brazil*

1ª edição — 2006

REVISÃO DE ORIGINAIS: Ana Paula Dantas

EDITORAÇÃO ELETRÔNICA: FA Editoração Eletrônica

REVISÃO: Aleidis de Beltran e Fatima Caroni

CAPA: Inventum Design

IMAGEM DA CAPA E 4ª CAPA: *La Saint-Barthélemy,* de François Dubois. Óleo sobre madeira. Museu de Lausanne, Suíça. Um dos raros testemunhos do massacre dos protestantes em Paris, na madrugada de 24 de agosto de 1572. O pintor, protestante, escapou do massacre refugiando-se na Suíça.

Ficha catalográfica elaborada pela Biblioteca
Mario Henrique Simonsen/FGV

Lopes, Marcos Antônio
A peste das almas: histórias de fanatismo / Marcos Antônio Lopes, Marcos Lobato Martins. — Rio de Janeiro : Editora FGV, 2006.
116p.

Inclui bibliografia.

1. Fanatismo religioso. I. Martins, Marcos Lobato. II. Fundação Getulio Vargas. III. Título.

CDD — 291.7

Mandar queimar vivo um homem apoiado em simples conjeturas é valorizá-las exageradamente.

Montaigne

Todas as vilezas e crueldades cometidas entre nós por entusiastas e fanáticos foram praticadas sob um disfarce de religião e longas preces.

Swift

(...) a devoção inflama um coração inclinado à ternura, e dirige ao cérebro espíritos animais que também o inflamam, e daqui procedem os êxtases e os arroubos.

Montesquieu

O que responder a um homem que lhe diz ser mais agradável obedecer a Deus do que aos homens e que, em conseqüência disso, está certo de alcançar o céu quando lhe cortam o pescoço?

Voltaire

Sumário

El Quemadero, B. Picard (1723), Biblioteca Nacional de Madri. Os autos da fé eram espetáculos públicos gozados por multidões. Terreiro do Paço, Lisboa.

Prefácio

O tema central deste livro — que consiste no esforço de escrever uma história intelectual do fanatismo religioso nos últimos 500 anos — é, sem dúvida, vasto e complexo. E ainda mais porque tal tema ganhou uma particular e notável atualidade após os acontecimentos de 11 de setembro de 2001. Nestas páginas, os autores discutem alguns dos principais capítulos desse antigo e recorrente fenômeno social. Revisando eventos capitais do passado, eles propõem algumas análises essenciais para a compreensão de manifestações mais recentes e dolorosas deste mesmo fanatismo.

Dessa forma, e para esclarecer mais detalhadamente o prepotente e irracional terrorismo de Estado que tem sido estimulado pelo governo de George W. Bush — terrorismo fundamentado em uma fanática visão cristã do destino manifesto dos Estados Unidos e dos pretensos valores do Ocidente —, bem como para compreender o terrorismo de indivíduos e de grupos como o Al Qaeda — por sua vez apoiados em uma versão igualmente deformada e fanática da religião e do mundo islâmicos —, os autores remontam à idéia medieval de cruzada e a algumas das principais manifestações da intolerância religiosa na Europa dos séculos XVI e XVII. A intenção é encontrar as raízes históricas seculares de concepções fanáticas de mundo, das quais ainda padecemos no tempo presente.

Se, em seu nível mais profundo e estrutural, todo fanatismo leva à incapacidade de reconhecimento e de aceitação do outro, à dificuldade do diálogo e da exposição sem preconceitos em relação a épocas e a diferenças que contrastam com a nossa própria identidade, fica igualmente claro que essa incapacidade está presente e se perpetua por causa do domínio persistente da escassez, sob todas as suas formas. Enquanto os homens forem constrangidos a persistir lutando por seus direitos, pela terra, pelo sustento — e por outros bens materiais mais elementares — e ainda pelo poder, pela cultura ou pela hegemonia, será sempre muito difícil o reconhecimento fraterno e a abertura ao diálogo com os outros.

E é acerca de passagens dessa complexa e triste história de muitos séculos que dá testemunho essa narrativa centrada em manifestações de fanatismo, verdadeira *peste das almas*.

Carlos Antonio Aguirre Rojas
Professor doutor
Universidade Autônoma do México

Apresentação

O crescimento do fanatismo religioso é uma questão do nosso tempo. Ele costuma ser associado principalmente ao terror provocado pelos grupos radicais do mundo islâmico. Mas essa não é a sua única manifestação. Este belo e valoroso estudo nos mostra que o fanatismo tem muitas faces. A chama sagrada da violência arde em várias culturas, de Leste a Oeste, sob diferentes regimes. Em tempos de progresso e sofisticação tecnológica, a arma de destruição mais poderosa é uma peste da alma: ela cresce dentro de nós e ameaça esgarçar a fina teia que sustenta as relações sociais.

O fanatismo é também uma paixão à prova do tempo. Os autores remontam à aurora da época moderna para recuperar a história de uma perigosa e explosiva associação: religião e política. As guerras religiosas entre católicos e protestantes banharam a Europa no sangue da intolerância. A idéia de uma conspiração satânica contra a comunidade cristã alimentou a perseguição e repressão violenta a mitos e ritos tradicionais, tidos como feitiçaria. Exemplos sangrentos da convergência entre religião e política, que poderiam espelhar as manifestações atuais de superioridade cultural e intolerância para com a diferença. Lições da história sobre a natureza humana, cujo principal mérito é mostrar que o problema não é novo, nem os conceitos para compreendê-lo precisam ser inventados.

Com efeito, no século XVIII diagnosticou-se com aguda perspicácia o fanatismo religioso e suas manifestações. A riqueza conceitual do pensamento dessa época se expressa no alcance e no vigor do ataque à intolerância e à superstição. Homens de letras como Bayle, Swift e Voltaire fizeram a literatura assumir novas tarefas e responsabilidades. Fanaticamente antifanáticos, tais intelectuais apostaram no poder da pena contra a espada e transformaram a literatura em um instrumento eficaz de intervenção política. Devemos ao século das Luzes nossa melhor herança: a crença na razão e no conhecimento, nos direitos naturais e políticos do homem, na liberdade de expressão, no direito de rebelião contra o despotismo.

Nossa sociedade é herdeira dos princípios teóricos e doutrinais do Iluminismo e, contudo, por um processo perverso de obscurecimento, vê recrudescer o fanatismo e a intolerância. O fundamentalismo cristão, caracterizado por uma teologia simplista de apego literal ao texto bíblico, cresce desde o ressurgimento religioso a partir do século XIX, principalmente nos Estados Unidos, mas também na Europa. O avanço das igrejas pentecostais e congregacionistas converte multidões também no Brasil, com a leitura fundamentalista dos textos do Velho Testamento para justificar a intolerância religiosa e a aversão aos valores modernos, contrária aos direitos humanos e às liberdades civis. Para quem vê apenas no Islã os sintomas do arcaísmo histórico, os autores lembram que o Ocidente praticamente fechou os olhos para os seus próprios fundamentalistas e fanáticos religiosos, para enxergar somente o fundamentalismo exótico que vem de fora.

Contra o fanatismo, há também lições que vêm do Oriente. Os autores nos falam de um Islã pacifista e moderado, que crê num Deus amoroso e na tolerância religiosa. Um Islã cosmopolita e ilustrado, que já ensinava a Europa medieval a combinar as preocupações religiosas com o pensamento filosófico e científico. Mas, como em toda parte ocorre com os valores das Luzes, o Islã moderado sempre foi ameaçado em seu próprio meio por inimigos numerosos e poderosos.

Se as lições da história nos mostram que o fanatismo é uma peste das almas que infesta a humanidade desde a origem, que futuro podemos esperar para a modernidade?

Os autores sugerem que parece estar em curso uma espécie de "reencantamento do mundo". A vida moderna, baseada na produção e na competição, exclui pessoas e grupos sociais de suas vantagens, causando sofrimento e desorientação; ela promove por toda parte a corrosão da tradição e dos valores responsáveis pela coesão social. Nas sociedades afluentes, as seitas oferecem aos excluídos e fracassados uma identidade e um sentido. Nas sociedades tradicionais, onde o contato com o Ocidente acelerou a destruição de instituições seculares sem garantir inserção apropriada na nova ordem mundial, indivíduos desesperançados cada vez mais se tornam presas fáceis do radicalismo fundamentalista como uma resposta direta aos problemas surgidos com a modernidade.

Assim, paradoxalmente, os movimentos fundamentalistas contemporâneos parecem ser parte indissociável do processo desigual de globalização, já que promovem a inserção de indivíduos e grupos na modernidade pela via da tradição. Por isso, o estudo finaliza com cautela: há razões para crer que o fanatismo religioso potencializado pela globalização, talvez mais no Oriente do que no Ocidente, continue produzindo episódios de intolerância e violência, que darão mais vigor ao zelo religioso.

Mas que esse prognóstico não obscureça o principal apelo do texto. Pois, além de traçar os contornos precisos do fanatismo e suas manifestações, os autores propõem também a reconstrução rica e cuidadosa dos valores iluministas da razão e da tolerância. Um convite à recuperação dessa herança, a começar do combate pela literatura, do qual dá ótimo exemplo este livro.

Sara Albieri
Professora doutora
Departamento de História
Universidade de São Paulo

Jan Luyken (1549), Biblioteca Nacional de Paris. Ação inquisitorial nos Países Baixos, século XVI. A purificação da alma pelo fogo era expediente muito utilizado contra a infestação da ordem sagrada por heréticos e feiticeiros.

1
Uma paixão à prova do tempo

Com o advento da Reforma, nos inícios do século XVI, católicos e protestantes passaram a ser mais hostis entre si mesmos do que em relação aos muçulmanos. Os conflitos militares internacionais e as guerras civis da Europa moderna sempre tiveram a religião como principal fonte. Nos finais do século XVII, chamado a defender regiões da Europa contra a invasão dos turcos, o rei ultracatólico Luís XIV respondeu com sarcasmo que "as Cruzadas estavam fora de moda".[1] Em obra literária cheia de considerações morais e religiosas típicas de um inglês de seu tempo o escritor Daniel Defoe exprimiu, no começo do século XVIII, o clima das controvérsias entre protestantes e católicos: "Preferia cair nas mãos dos selvagens e ser devorado vivo do que nas garras impiedosas dos padres e da Inquisição".[2] Trata-se de testemunhos seqüestrados de maneira esparsa e aleatória, mas que não deixam de possuir um conteúdo revelador dos confrontos nas fronteiras do cristianismo. Contudo, está fora de dúvida que há muito os cristãos perderam a crença na sacralidade das suas guerras de religião. Nesse

---

[1] Ver Bobbit, 2003.

[2] Defoe, 1997:255 e segs.

sentido, palavras de ordem de uma guerra santa contra o terrorismo islâmico, segundo o novo ideal de cruzada proposto por George W. Bush na seqüência dos atentados de 2001, são uma idéia *aggiornata* de guerra religiosa que não encontrou o seu lugar.

Nos dias que correm, ações do terrorismo internacional desencadeadas pela rede Al Qaeda possuem como traços norteadores uma mescla de princípios políticos, questões econômicas, defesa de espaço geográfico estratégico e, também, fervor religioso. Atualmente, entre outros sentidos possíveis, como, por exemplo, um apego mais literal à letra das tradições religiosas, fundamentalismo islâmico passou a significar uma luta armada pela defesa do mundo islâmico, por oposição às interferências inaceitáveis do Ocidente em assuntos vitais do mundo árabe: o controle do petróleo, a ocupação de terras, as restrições ao desenvolvimento tecnológico, por exemplo. Contra as ingerências do Ocidente, o Islã vem oferecendo respostas desconcertantes. Os recursos tecnológicos que a civilização cristã engendrou, na esfera da indústria armamentista, amplificaram o raio de ação de grupos radicais islâmicos, a ponto de ser possível, nos dias atuais, detonar bombas a distância nos trens de Madri, a partir de telefones celulares. Estão servindo ao Ocidente de seu próprio veneno, o que parece comprovar o pragmatismo da máxima de Voltaire que, no distante século XVIII, já dizia: "quando se combate, é preciso ir à casa do inimigo, para abastecer-se de artilharia".

As sociedades atuais herdaram da cultura do Iluminismo princípios teóricos e doutrinais que, no momento em que surgiram, despertaram poderosas reações contrárias, mas defesas ainda mais vigorosas. O liberalismo e a idéia de progresso alcançaram aplicação — na teoria e na prática — ao longo do século XVIII. Até o século XVII não havia uma concepção de ações humanas orientadas para o futuro. A história-conhecimento mirava sempre o presente e os historiadores pretendiam orientar as ações necessárias focando exemplos do passado, sobretudo as façanhas dos homens ilustres, para a ilustração dos reis e dos homens de Estado. Sob esse aspecto, o início da época moderna foi uma era de glória para os varões de Plutarco. O que concebemos, na atualidade, como ações planejadas e voltadas para a posteridade foram inovações da cultura européia do século XVIII, sobretudo a partir de sua segunda metade. De início obra de elaboração exclusiva dos intelectuais, a idéia de progresso integrou-se gradativamente à consciência coletiva dos povos. E a noção de história como desenvolvimento das sociedades ou da humanidade também é obra do século das Luzes. No âmbito do Iluminismo, essas elaborações intelectuais criaram as condições para o surgimento de fenômenos históricos, expressos por revoluções políticas que abalaram os alicerces da velha tradição do absolutismo e da ordem social aristocrática. O liberalismo e a idéia de progresso se espraiaram pelo século XIX e abarcaram praticamente todo o planeta, difundidos pelo imperialismo e pela expansão global do capitalismo.

A cultura filosófica do século das Luzes tornou influente a crença nas virtudes da investigação científica, nos direitos naturais do homem e nas vantagens da livre iniciativa econômica. O processo milenar de dessacralização das idéias, das instituições e da natureza, aprofundado pela filosofia iluminista, tornou possível uma clara distinção entre as esferas do sagrado e do profano.[3] As reivindicações fundamentais do liberalismo clássico — segundo os princípios definidos por Locke nos finais do século XVII — incluíam o respeito às potencialidades do indivíduo e à liberdade de expressão, o direito de propriedade e de rebelião contra o despotismo.

Os princípios liberais reivindicaram a diminuição dos entraves jurídicos à acumulação da riqueza e o amparo das leis aos contratos. Uma sociedade de normas, regida pelos novos preceitos do liberalismo, substituiu progressivamente o velho mundo marcado pelos privilégios aristocráticos. Essa obra civilizadora do liberalismo não deixou de considerar a necessidade de impor freios à ação governamental. E isso foi possível por meio da abolição do arbítrio do poder dos príncipes e da defesa de regimes políticos representativos.[4] Mas a limitação da influência clerical na vida social — processo descrito como secularização — não decretou o fim da religião ou conduziu a um recuo significativo do sentimento religioso. Simplesmente ergueu uma barreira entre as coisas de Deus e as do Estado. Como afirmou Hannah Arendt, o secularismo radical da política de Hobbes não liberou esse autor do medo incontornável do fogo do inferno.[5]

---

[3] Ver Cassirer, 2003; Voegelin, 1952.

[4] Ver Laski, 1973.

[5] Ver Arendt, 1972.

Na afirmação do ideário liberal, os homens de letras do século XVIII travaram batalhas contra o poder das religiões instituídas, sobretudo contra a energia opressora da Igreja católica. Voltaire — fanaticamente antifanático, ou seja, fanático à sua maneira — entrelaçou seu nome à história das religiões ao promover a campanha intitulada Ecrinf, abreviatura de uma cruzada que se tornou célebre: Ecrasé l'Infame.[6] A partir do século XVIII, tanto os escritores políticos os homens de ação tencionaram promover e difundir aquilo que pensadores de séculos anteriores como Maquiavel, Hobbes e Locke apregoaram com veemência em seus livros: a circunscrição da alçada das questões teológicas e da experiência religiosa a uma esfera específica, desvinculada das preocupações governamentais e das razões de Estado; enfim, o impedimento da legitimação religiosa de qualquer forma de poder político. Essa foi uma batalha de idéias contra o direito divino dos reis e, por extensão, contra todas as formas de teologia política. Na França do século XVIII, *philosophes* e revolucionários denunciaram os vícios da religião que, ao se imiscuir nos assuntos políticos, era fonte de oportunismo e usurpação dos direitos do povo. Esse tipo de crítica secularizadora da política foi expresso no discurso de Robespierre à Convenção Nacional francesa:

> Dizem-se [os reis] as imagens da Divindade... Será para torná-la odiosa? Dizem que a autoridade deles é Sua obra. Não: Deus criou os tigres; mas os reis são a obra-prima da concepção humana. Se eles invocam o Céu, é para usurpar a Terra; se nos falam da divindade, é para se colocarem no lugar dela: remetem a ela as preces dos pobres e os gemidos do infeliz; mas eles mesmos são os deuses dos ricos, dos opressores e dos assassinos do povo.[7]

A cruzada das idéias iluministas contra a religião — concebida como instrumento eficaz de dominação das almas e arma poderosa de controle político — objetivava enfraquecer a Igreja. Filósofos como Voltaire, Diderot,

[6] Esmagai a infame — a Igreja —, ou a infâmia, de um modo geral. A expressão é propositalmente ambígua em Voltaire. Ver Pomeau, 1994; Goldizink, 1994.

[7] Robespierre, 1999:124.

d'Holbach e outros enciclopedistas procuraram mostrar que a religião consistia em um aglomerado de meras superstições a serviço do poder, um cipoal de preconceitos e de crenças absurdas que freava o desenvolvimento da humanidade. Força irracional associada aos vícios mais abomináveis do gênero humano, a religião deveria ceder espaço à filosofia e à razão. Por influência das idéias iluministas, aos poucos a religião foi perdendo a sua importância como assunto de Estado — ou seja, deixou de ser categoria reflexiva à política dos reis absolutistas —, para restringir-se à esfera privada. Cada vez mais, ela seria uma questão de livre escolha e de crença individual, a ponto de se impedir, hoje, portar símbolos religiosos visíveis em instituições de ensino.

Ao pronunciar na Sorbonne, em 1750, sua conferência intitulada "Uma revisão filosófica dos sucessivos progressos do pensamento humano", Turgot abria caminho à escalada histórica da idéia de progresso.[8] O progresso tornou-se idéia-chave no século XVIII, a força desencadeadora de uma trajetória ininterrupta de desenvolvimento para as sociedades humanas. Impregnados desse conceito, muitos imaginaram que a história humana, doravante orientada pela razão, se moveria no sentido de uma marcha contínua de realizações positivas.

Certas concepções da idéia de progresso — no sentido da possibilidade de um desenvolvimento relativo das sociedades humanas — são muito mais antigas do que as idéias de progresso da época do Iluminismo.[9] Entre autores antigos, como Aristóteles, todo ciclo de desenvolvimento era interrompido por um outro ciclo de decadência. Regimes constitucionais virtuosos como a monarquia, a aristocracia e a democracia eram seguidos por suas formas corrompidas correspondentes: a tirania, a oligarquia e a oclocracia. E a maneira de explicar as transformações da história por uma dinâmica cíclica das formas de governo fez escola na história da filosofia ocidental. Autores modernos como Maquiavel e David Hume — com as devidas especificidades entre as visadas teóricas de ambos, já que viveram em séculos e culturas políticas diferentes — também com-

[8] Ver Nisbet, 1985.

[9] Ver Bury, 1971.

partilharam da crença no aperfeiçoamento das sociedades humanas. Mas a aposta desses autores na idéia de progresso era limitada, simplesmente porque sabiam que todo desenvolvimento das comunidades humanas enfrentava obstáculos de tempos em tempos. As guerras e as invasões estrangeiras eram algumas dessas barreiras, freios poderosos que impunham os limites aos círculos virtuosos. Dessa forma, a descontinuidade dos ganhos descaracterizaria a moderna idéia de um desenvolvimento sem escalas.

Assim, foram mesmo os Turgot, os Montesquieu, os Voltaire, os Condorcet e outros *philosophes* que abriram caminho à escalada histórica da idéia de progresso. O progresso tornou-se idéia-chave da civilização ocidental apenas no século XVIII, a força desencadeadora de uma trajetória ininterrupta de desenvolvimento para as sociedades humanas. Impregnados desse conceito, muitos pensadores imaginaram que a história humana, doravante orientada pela razão, se moveria no sentido de uma trajetória ascendente de desenvolvimento. Misturava-se a essa crença a concepção de que o aperfeiçoamento sem limites da ciência e das técnicas desencadearia efeito semelhante no plano da vida moral.

O progressismo difundiu-se entre reformadores sociais e políticos do século XIX, possuídos por uma confiança excessiva na possibilidade de reforma total da sociedade. Para a humanidade, agora livre da superstição e orientada pela razão, descortinava-se uma nova era de avanços irrepresáveis. Para os liberais, bastariam apenas alguns arranjos institucionais para gerar um novo tempo de felicidade e convivência pacífica. Sabemos que o século XIX viu nascer concepções como a idéia do fardo do homem branco, uma das teorias justificadoras do imperialismo ocidental pela África e Ásia.

Os socialistas do século XIX acrescentaram que o ambiente físico e as pressões econômicas também teriam que ser modificados para se alcançar a felicidade dos povos. Mas mantiveram a crítica contra a religião, prevendo o seu desaparecimento completo, em decorrência da marcha de implantação do socialismo, marcha esta encabeçada pelo movimento revolucionário do proletariado industrial. Com argumentos distintos, Max Weber também asseverou que, no mundo contemporâneo, havia uma tendência de perda de influência social da religião. Para Weber, a modernidade se caracterizaria pela secularização de todas as esferas da vida social. O progresso da ciência e da técnica conduziria as pessoas a acreditarem na ausência ou ineficácia da ação de forças misteriosas e sobrenaturais. A racionalidade científica e a ação instrumental da técnica, ao abarcar todas as esferas da vida social, tornariam excepcionais os comportamentos ancorados na tradição e em emoções ou sentimentos místicos. A modernidade seria acompanhada pelo domínio do cálculo sobre todas as dimensões da vida social e por um "desencantamento do mundo".

Em fins do século XX alguns sociólogos chegaram a formular a tese da secularização ampliada. Um deles assinalou o declínio do envolvimento popular com as igrejas, a perda de abrangência e influência das instituições religiosas, assim como da popularidade das crenças religiosas.[10] Ora, como compreender então que, segundo pesquisa realizada em 1995, tenham sido encontrados apenas 4,9% de eleitores brasileiros que admitiam não ter qualquer crença religiosa?[11] Como explicar a pujança, no Japão atual, de um sincretismo que mistura fontes religiosas indianas, chinesas, coreanas e até mesmo cristãs? E a nova onda de influência da religião no mundo islâmico, a partir dos anos 1980? E as formas idiossincráticas e difusas de experiência com o sobrenatural que surgem nos cultos da nova era?

Esses fenômenos do final do século XX sugerem que está em curso um certo "reencantamento do mundo". Por outro lado, como compreender hoje o progressismo, se o século XX e este início de século e de milênio configuram-se em tempo de violência, em mais uma era de guerras, massa-

[10] Ver Bruce, 1996.

[11] Ver Prandi, 1995.

cres, genocídios, exploração econômica, enfim, catástrofes humanitárias sem precedentes? Como lidar com o fato de que, mesmo no século XXI, as desigualdades sociais estejam sendo ampliadas e as injustiças multiplicadas em escala planetária? E por que a insensatez e a matança prosseguem, de forma recorrente, fundamentadas na religião?

O fanatismo religioso, tema antigo, encoberto por séculos de história, pontua hoje o que se tem denominado "choque de civilizações" ou mais simplesmente "choque de religiões". Como veremos, o excesso de zelo na defesa de certos ideais religiosos deu margem para alguns assombrosos banhos de sangue ao longo da história. E toda defesa cega descamba para a intolerância e para o fanatismo, principalmente quando se misturam duas substâncias de fácil combustão: religião e política. Como afirmou pouco tempo antes de sua morte Yasser Arafat, acerca da história sangrenta protagonizada por israelenses e palestinos: "não podemos esquecer que, assim como nós temos grupos fanáticos, eles também têm grupos fanáticos. Os fanáticos estão por toda parte". Ao que parece, fanáticos existiram e existirão em todas as partes e em todos os tempos. Em nossos dias — e apesar de uma acentuada tendência ao suicídio —, fanáticos religiosos não são uma espécie em extinção. Antes pelo contrário: onde cessa uma vida sacrificada em nome de uma causa, duas outras surgem ao seu redor.

Entre outros sentidos, a história das religiões é também a história de êxodos, diásporas, martírios, sacrifícios e perseguições. Mas, para além de uma história intelectual contra o fanatismo religioso — expressa sobretudo neste primeiro capítulo —, procuramos focar algumas manifestações históricas desencadeadas por essa substância altamente inflamável, esse poderoso combustível das ações humanas. O leitor interessado pelo tema vai encontrar ocorrências do fanatismo religioso em diversos contextos, como no tempo das Cruzadas cristãs da Idade Média, na época da Inquisição e da caça às bruxas (séculos XVI e XVII), bem como em manifestações mais recentes desse fenômeno, expressas pelas seitas da nova era e pela escalada do terrorismo internacional, este último orientado pelo que normalmente tem sido ambiguamente identificado como fundamentalismo islâmico. Ao discorrermos sobre o tema, procuramos ressaltar como a idéia de fanatismo religioso foi e continua sendo abordada nas obras de alguns dos mais expressivos analistas das exacerbações do sentimento religioso.

A polé era um dos instrumentos de tortura mais utilizados pela Inquisição. Penduravam-se os torturados com grossas cordas de cânhamo pelas mãos e pulsos. Nos pés, pesos de ferro para "contrabalançar a carga", estirando músculos e rompendo as articulações.

2
Contra o fanatismo

O fanatismo está para a superstição assim como o arrebatamento está para a febre ou a raiva para a cólera. Quem experimenta êxtases e visões confunde sonhos com realidade e a imaginação com profecias e é um entusiasta. Quem alimenta a sua loucura com o crime é um fanático. (...) As leis e a religião não bastam contra a peste das almas.
Voltaire

Em todos os tempos, seitas religiosas, heresias e cismas foram consideradas perigosas e encaradas como origem de facção e oposição às leis. A autoridade pública sempre se aplicou, de diversas formas, a estancar esses males por meio de doutrinação, legislação e processos penais, ou pelo uso e abuso da força, originando reações e sucessivas ondas de violência. Muitas vezes, a intenção era a de suprimir indivíduos ou comunidades supostamente desgarrados, por meio de castigo exemplar a heréticos obstinados.

Em alusão às relações de poder que se constituem historicamente nas diferentes sociedades, Montaigne afirmou que: "em geral, os homens gostam acima de tudo de propagar suas idéias e quando carecem dos meios habituais, juntam-lhes o mando, a força, o ferro e o fogo".[12] Muito pertinente a afirmação desse filósofo francês da segunda metade do século XVI, a julgar por uma enormidade de evidências históricas. De fato, em fenômenos históricos que duraram séculos — como as Cruzadas cristãs da Baixa Idade Média, a Inquisição, a caça às bruxas e as Guerras Religiosas —, muito sangue foi derramado em disputas complexas em que, várias vezes, o

[12] Montaigne, 1972:465.

sentido da aplicação da violência estava fora do alcance da compreensão dos próprios atores envolvidos.

Durante a Idade Média e ao longo da época moderna (séculos XVI-XVIII), seitas religiosas e facções políticas sempre foram vistas como elementos de subversão da ordem pública, mesmo quando se materializavam em comunidades geograficamente distantes e isoladas do centro do poder. No *Dicionário filosófico,* Voltaire sentenciou que toda seita, independentemente do gênero, sempre seria a união da dúvida e do erro.[13] E Voltaire dá seqüência à racionalidade própria dos fanáticos.

> Aquilo que minha seita ensina é obscuro, bem o sei, diz um fanático; mas é em virtude dessa obscuridade que devemos acreditar na seita. Minha seita é extravagante, então é divina; do contrário, como seria possível que fosse adotado por tantos povos aquilo que parece uma tal insanidade se aí não houvesse algo de divino?[14]

Para os monarcas, os legisladores e o clero, as facções religiosas tornavam impotentes as leis e originavam discórdias entre os súditos pertencentes a um mesmo corpo político que, por isso mesmo, todos deviam oferecer proteção e assistência mútua.

Nos meados do século XVIII, o historiador e filósofo escocês David Hume afirmava que o fanatismo religioso era o princípio mais cego, obstinado e ingovernável capaz de atuar sobre a natureza humana. Segundo ele, a ira do povo ignorante era algo temível, independentemente do motivo que a originasse. Para Hume, a ira popular descontrolada vinha quase sempre acompanhada das conseqüências mais perniciosas, principalmente quando resultava de princípios que repudiavam qualquer controle da razão ou da lei.[15]

---

[13] Voltaire, 1994c:474.

[14] Ibid., p. 477.

[15] Ver Hume, 2004.

Os maiores críticos do fanatismo religioso na época moderna — Montaigne, Bayle, Swift, Montesquieu, Voltaire, Hume, Diderot — convergem na constatação de que a mente fanática se autoconcebe como agente de uma iluminação superior. Fanáticos em diferentes tempos se proclamaram instrumentos da revelação de um espírito divino, ou seja, de uma vontade sobrenatural. Se as suas idéias não são propriamente deste mundo, mas inspiradas por entes que supostamente conseguem ver além das meras circunstâncias humanas, a crença na pureza e na verdade incontestável de seus princípios atua como um poderoso combustível para impulsionar ações que requerem fervor e ímpeto sem limites.

Mas, como afirmou Hume, um zelo exagerado por parte de amigos é capaz de provocar espírito semelhante nos antagonistas.[16] Esta parece ter sido a história de todas as guerras em que as justificativas religiosas formaram a base ideológica de sustentação. O espírito de proselitismo, ou seja, o impulso irrefreável em promover conversões, aparece como uma espécie de doença epidêmica na história.

Segundo Montesquieu, este mal passou dos antigos egípcios e judeus aos cristãos e muçulmanos de seu tempo. A demência que nasce desse espírito progride impulsionada por um "eclipse total da razão humana". Ora, aquele que deseja que eu professe a sua crença morreria feliz caso se visse forçado a professar a minha. Encarnando o espírito pacifista que seria uma marca entre os intelectuais do século XVIII, Montesquieu afirmou:

> Confesso que as histórias andam cheias de guerras de religião, mas repare-se bem: não foi a multiplicidade de religiões que ocasionou estas guerras, mas o espírito de intolerância que animava aquela que se acreditava dominante.[17]

---

[16] Hume, 2004.

[17] Montesquieu, 1960:160. Contrariando a avaliação de Montesquieu sobre a tolerância religiosa entre os egípcios, Voltaire dirá acerca das raríssimas virtudes que conseguiu encontrar nesse povo: "aqueles que adoravam um boi nunca quiseram constranger a mudar de religião os que adoravam um macaco". Voltaire, 1994a:72.

Ora, o que são as guerras de religião, independentemente dos contextos históricos em que emergem? Fundamentalmente, as guerras de religião são a história de fanáticos em movimento, seres que se autoproclamam instrumentos da vontade de um deus que é a chama sagrada que os ilumina e alimenta em meio às tormentas e às provações necessárias para a afirmação da verdadeira fé. Fanáticos de todos os tempos sempre possuíram uma capacidade especial para amplificar as próprias virtudes do espírito, como a imaginação criativa, por exemplo. Eles devem hipertrofiar os dados da realidade que interpretam, dotando-lhes de um colorido mágico, por meio de um notável poder de expressão de suas idéias, poder este acentuado pelos esforços corporativos de uma razão enlouquecida. Na segunda metade do século XVI, o ceticismo tão peculiar a Montaigne levou-o a se pronunciar nos seguintes termos, acerca das opiniões inabaláveis desses bandos de sectários: "É lamentável que a maior prova da verdade de alguma coisa esteja no número de pessoas que nela acreditam, quando nesse mesmo número se incluem tantos loucos e tão poucos sábios".[18]

O escritor irlandês Jonathan Swift disse zombeteiramente em fins do século XVII: "as duas principais qualificações de um pregador fanático são a sua luz interior e a cabeça cheia de minhocas; e os dois destinos diferentes dos seus escritos são ou bem serem queimados ou bem comidos por vermes".[19] Entretanto, a história realmente demonstrou que ao menos um desses destinos se tornou realidade efetiva, uma vez que os escritos de alguns pregadores foram realmente queimados, junto com os pregadores. De fato, a maior parte dos processos de heresia e bruxaria foi destruída, quando eles foram concluídos.

O autêntico fanático, o fanático "exemplar", se assim se pode referir, é o indivíduo que não percebe limites para as suas ações rumo ao triunfo de sua fé. Ele orienta seu pensamento na escala da "ausência do sentido do impossível"[20] como, por exemplo, acreditar piamente naquilo que nunca

---

[18] Montaigne, 1972:465.

[19] Swift, 1999:125.

[20] A expressão é de Febvre, 1948a.

viu e naquilo que ninguém nunca pôde provar. Exemplos dessa cegueira seletiva são os inquisidores espanhóis e portugueses descritos por Montesquieu, que aceitam testemunhos dos inimigos do acusado, de prostitutas e de ladrões,[21] ou os membros do Parlamento de Bordeaux, "que perseguem alegremente aldeias inteiras denunciadas por um garoto de quatorze anos",[22] ou mesmo o bispo maníaco do século XIV, Jacques Fournier, estudado por E. Le Roy Ladurie, representante paradigmático "das ambições de uma Igreja totalitária, exterminadora das diferenças de opinião".[23]

Tais casos parecem demonstrar que fanáticos fazem da religião uma eterna fonte de facções e dissidências internas e, por causa da religião, se matam mutuamente sem se importar tanto que, em meio às suas guerras santas, o seu próprio território esteja sendo invadido por exércitos estrangeiros. Com a visão bloqueada pelo dogma, não têm consciência de seus excessos. Em sua auto-representação, tomar-se-ão por figuras modelares da virtude. Tudo deve se submeter à ortodoxia.

Em princípios do século XVIII, Montesquieu zombava dos padres fanáticos de todas as ordens religiosas que queriam incutir nos outros a própria opinião. Isto era algo como se os europeus, em favor do aperfeiçoamento da humanidade, quisessem branquear os africanos. Pontuando a hipocrisia e o casuísmo do clero católico, o autor dispara: "alguém disse muito bem que, se os triângulos fizessem um deus, lhe dariam três lados".[24] Depositários da verdade, fanáticos pretendem possuir o monopólio do gozo

---

[21] Montesquieu, 1960:75. Os filósofos iluministas também foram pródigos em denunciar tartufos. No diálogo filosófico "O sobrinho de Rameau", Diderot descreve a triste sina de um judeu traído por um pobre coitado a quem abrigara sob seu próprio teto, e que estava de olho em seu patrimônio: "O sublime em sua maldade está em ter sido o próprio delator de seu bom amigo israelita, aprisionado pela Santa Inquisição ao despertar, e que dias depois virou um belo fogo de artifício". Diderot, 1973a:367.

[22] Mandrou, 1979:62.

[23] Le Roy Ladurie, 1997:44.

[24] Montesquieu, 1960:119.

da luz do sol — na expectativa de que exista sobre a Terra apenas a sua religião —, privando dessa benção exclusiva todos os "outros" crentes.

Já no século XVI alguns homens de cultura percebiam as complicadas relações que o fanatismo religioso entretecia com a jurisprudência. Montaigne recomendava cautela contra a exagerada fantasia que pautava os processos de feitiçaria. Ele já reconhecia como excessivas as condenações à morte resultantes desses obscuros processos. A regra que o filósofo recomendava aos juízes, diante de casos que não compreendiam, era: reconhecer com humildade a total ignorância e recomendar que as partes ali retornassem, decorridos 100 anos. Esse filósofo cético narra a curiosa cena de um interrogatório, do qual participou como interpelador. Num grupo de uns 12 acusados de feitiçaria estava "uma velha que, pela sua feiúra e sua deformidade (indício demoníaco), era uma verdadeira feiticeira". Ao ouvir a suposta energúmena, depois de examinar atenta e incredulamente as peças do processo, notou logo que se tratava de um caso incontestável de loucura, muito antes que de possessão diabólica. Teria recomendado um calmante à velha senhora, poupando-lhe da fogueira.[25]

Também Cervantes manifestou absoluta descrença na capacidade efetiva atribuída aos feiticeiros de seu tempo em praticar qualquer tipo de sortilégio. Em *Dom Quixote* ele pondera, em um tom grave que contradiz o espírito hilário tão peculiar de sua escrita:

> sei muito bem não haver no mundo feitiços que possam mover e forçar as vontades, como cuidam alguns palermas; o alvedrio da pessoa é livre, e não há erva nem encanto que o obrigue. O que algumas mulherzinhas tolas e alguns velhacos embusteiros costumam fazer são certas mistelas e venenos, com que tornam os homens doidos, dando a entender que são específicos para bem-querer, sendo, como digo, coisa impossível forçar-se a vontade de ninguém.[26]

---

[25] Montaigne, 1972:467.

[26] Cervantes, 1981:123.

Como sabemos, em seus transes de doida excentricidade, o Quixote também tem os seus lampejos de imprevisível juízo, que parecem traduzir a intenção de seu criador.

No século XVIII os combates contra o fanatismo compõem um dos mais interessantes capítulos da história dos intelectuais. Na era do Iluminismo, Voltaire afirmou que seria mais fácil conduzir 100 mil homens ao combate do que aplacar o espírito de um fanático movido por sua crença:

> Essas pessoas estão persuadidas de que o espírito santo que as penetra está acima das leis, e que seu entusiasmo é a única lei que devem escutar. O que responder a um homem que lhe diz ser mais agradável obedecer a Deus do que aos homens e que, em conseqüência disso, está certo de alcançar o céu quando lhe cortam o pescoço?[27]

Para ele, as guerras religiosas eram, de longe, o tipo mais abominável de dissensão. As guerras de religião eram uma espécie de furor peculiar aos cristãos. Montesquieu pensava de modo semelhante, fazendo suas confissões sobre a fúria fanática dos cristãos por intermédio da ficção literária: "posso assegurar-te que nunca houve reino em que tenha havido tantas guerras civis como o de Cristo".[28]

Na perspectiva de Voltaire, são os membros desta seita que asseveram: pensa como eu, ou Deus te condenará. E mais do que rapidamente já estão aos berros: pensa como eu, ou te matarei.[29] Seu anticlericalismo o leva a indagar:

> os homens são bem cegos e muito infelizes de escolher uma seita absurda, sanguinária, sustentada por carrascos e rodeada

---

[27] Voltaire, 1994b:265. Acerca do fanatismo no pensamento de Voltaire, uma das abordagens mais amplas sobre o tema é a obra *Deus e os homens*. Voltaire, 1995.

[28] Montesquieu, 1960:74.

[29] Ver Voltaire, 1961:1124.

> por estúpidos (...) E qual rei, eu pergunto, qual magistrado, qual pai de família não preferirá ser senhor em sua casa a ser escravo de um padre?[30]

A obsessão com a heresia surgida dentro da Europa fez com que os católicos tivessem uma propensão a tolerar melhor os muçulmanos do que os luteranos e calvinistas, cristãos como eles mesmos. O traidor de dentro é pior que o inimigo exterior e urge arrancá-lo de seu esconderijo para eliminá-lo sem trégua nem piedade. Certamente, o fanatismo é a força motriz desse fenômeno que se estende, ao menos, até o final do século XVII. Numa obra literária Montesquieu refletiu que as divisões internas entre muçulmanos podiam levar a uma realidade semelhante. Nas *Cartas persas*, um de seus personagens centrais sugere que os cristãos, mesmo sendo infiéis, deveriam merecer um rigor menor em relação àqueles outros muçulmanos a quem os sagrados profetas do Islã passaram a espada. Os cristãos são comparados aos idólatras que viveram antes do advento do Profeta. Eram, portanto, bem menos perigosos que os desviantes da dogmática comum "porque, em matéria de religião, os parentes mais chegados são os mais implacáveis inimigos".[31]

A história para Voltaire, concebida como um longo cortejo das tragédias que sempre se abateram sobre o gênero humano, foi quase sempre a filha legítima do fanatismo. O Voltaire historiador, ao escrever a história dos homens, tem sempre a impressão de ter escrito a história de tigres e de serpentes. Mas não, nos diz ele em seu célebre *Ensaio sobre os costumes* que as feras não são capazes de injuriar tanto a própria espécie. Descrevendo um conflito entre católicos e protestantes, ocorrido na França em 1704, o filósofo iluminista se impressiona com a onda de furor de parte a parte. Os dois partidos, logo assassinos logo assassinados, invocavam igualmente o nome do senhor. Mais de 4 mil fanáticos pereceram nas rodas de tortura e nas fogueiras, sem que não houvesse um único que não abençoasse ao seu deus.[32]

---

[30] Voltaire, 1957b:1098 e segs.

[31] Ver Montesquieu, 1960:120.

[32] Voltaire, 1957a:1280.

Mulheres são sustentadas em meio a uma crise de epilepsia. A doença às vezes era associada a possessões.

Exemplo notório do fanatismo descrito por Voltaire é a crença na existência real da bruxaria que, no século XVII, levava a arroubos de convicção como a do juiz francês Henry Boguet: "espero que entendam bem que sou inimigo figadal dos bruxos e que nunca os pouparei, tanto por suas abominações execráveis quanto por seu número infinito que aumenta a cada dia".[33] Na Idade Média e ao longo da época moderna, fanáticos enxergavam em qualquer manifestação social ou fenômeno da natureza — que não conseguiam compreender racionalmente — os elementos que explicavam um castigo de Deus ou as perniciosas intervenções de práticas de magia. Assim é que guerras civis, crises econômicas, estiagens, epidemias e doenças dos rebanhos eram logo identificadas e confundidas com feitiçaria ou punições da Providência.

Na Baixa Idade Média e até os inícios do século XVIII, em algumas regiões da Europa, o zelo religioso em torno dos dogmas daquilo que deveria ser a pureza da ortodoxia religiosa gerou numerosos e sangrentos conflitos. As Cruzadas cristãs, bem como as guerras de religião entre católicos e protestantes, os processos de caça às bruxas e a perseguição aos hereges fustigados pelo Santo Ofício demonstram como a convicção e a imaginação em excesso, sobretudo no campo religioso, podem assumir a dimensão de um fervor irracional, obsessivo e incontrolável. A intolerância religiosa na época moderna foi um dos principais desdobramentos do fanatismo religioso, uma arma afiada sob o poder de facções guiadas por líderes supostamente inspirados.[34]

Assim foi com católicos e huguenotes na França do século XVI. E também com conservadores e puritanos na Inglaterra do século XVII, no

---

[33] Citado em Sallmann, 2002:35.

[34] O adjetivo "fanático" procede do latim (*phanaticus*) e possuiu originalmente o sentido de devoto que pertence ao templo e que é inspirado pelos deuses, segundo a definição do *Dicionário Houaiss da língua portuguesa*. Já o substantivo "fanatismo" procede do francês (*fanatisme*) e passou a outros idiomas preservando e ampliando o sentido original latino. Em influente dicionário da língua inglesa tem-se a seguinte definição para fanatismo: *excessive enthusiasm or unreasoning zeal on any subject, as religion. Webster's New Pratical Dictionary.* Springfield: G.&C. Merriam Co., 1951:237.

tempo da guerra civil. O fanatismo religioso forma fileiras de perseguidores aguerridos e as expressões de seus atos desdobram-se sob a forma de uma profunda devoção. Como disse Swift: "Cromwell e seus aliados foram à procura de Deus, como eles mesmos disseram, quando resolveram matar o rei".[35]

Não se concebe o fanatismo religioso cristão da Idade Média e da época moderna sem um desenvolvido sentimento de autopiedade e uma clara definição quanto à pureza da própria fé. A literatura crítica dos séculos XVII e XVIII, que promoveu uma poderosa cruzada contra o excesso de zelo religioso — com Pierre Bayle, Swift, Fontenelle, Voltaire e Diderot, para falar apenas de alguns autores mais conhecidos hoje —, colocou em evidência os temíveis efeitos do fanatismo sobre o caráter dos indivíduos. Acerca da autocomiseração de religiosos fanáticos, vale lembrar a crítica hilária de Swift. Em seu conto intitulado "Uma história de um barril", ele nos descreve as aventuras de um desses superiores de ordens que se crê a própria encarnação das virtudes de Cristo.

> Postar-se-ia na esquina de uma rua e, dirigindo-se aos passantes, gritaria a um deles: dê-me a honra, ó meu digno senhor, de me dar um forte murro no queixo; e a outros: por favor, prezado amigo, propicie-me a capricho um pontapé no traseiro; permitiria a madame que eu lhe rogue, das belas mãos de vossa senhoria, um sopapinho no ouvido? Pelo amor de Deus, nobre capitão, conceda às minhas pobres costas uma justa bordoada desta sua bengala. E quando, por solicitações assim tão ardorosas, já encontrara meios de obter um espancamento suficiente para lhe intumescer a fantasia e o lombo, ele voltaria para casa reconfortado em extremo, e cheio de terríveis narrações sobre o que havia sofrido pelo bem público. Vejam só esta pancada (dizia mostrando as costas desnudas), um pestífero janízaro ma deu hoje de

[35] Swift, 1999:253.

> manhã às sete horas, quando, com muito afã, eu estava expulsando o grande turco. E esta cabeça quebrada, meus vizinhos, bem merece um emplastro.[36]

O personagem histórico retratado por Swift é João, representação literária de três irmãos inicialmente unidos por traços identitários comuns, mas cuja amizade fraterna se rompe quando um deles se arvora em líder religioso. Os irmãos gêmeos Pedro, Martin e João viviam num perfeito clima de paz e amizade até que Pedro — que representa o papa — se autoproclamou senhor absoluto dos demais. Os acontecimentos que se seguem são uma alegoria cômica da história do cristianismo a partir da Reforma. Os irmãos que Pedro tenciona subjugar — Lutero e Calvino, respectivamente — serão os fundadores de seitas que, opondo-se ao formalismo e ao fanatismo de Roma, ajudam a espalhar mais sangue e morte pelo mundo.

O que Swift retrata como escritor, o que faz de sua obra um importante foco de fissura no processo global conhecido como a "crise da consciência européia" — a emergência de uma forma crítica de análise da sociedade, que antecede e prepara o Iluminismo — é a devoção profunda a uma crença que pode chegar ao extremo de o fanático oferecer o seu corpo à flagelação. O autor representa, por meio do cinismo e da ironia — duas das principais virtudes que compõem o seu estilo — aquilo que distingue como os traços típicos de um fanático calvinista na Inglaterra do século XVII. Não basta a estes santarrões exibir publicamente o grau mais profundo de devoção à sua crença. É preciso demonstrar também a sua capacidade de sofrer na própria carne toda a dureza utilizada por seus inimigos. Naturalmente, ele encontrará meios de mostrar aos seus confrades o seu total devotamento.

Muitos autores demonstraram que o fenômeno do fanatismo religioso no Ocidente medieval e moderno se materializou no combate a crenças reais e imaginárias, bem como na defesa de uma ortodoxia que se presumia sofrer o ataque de forças exteriores e invasoras da comunidade cristã. O

---

[36] Swift, 1999:255 e segs.

texto de Swift citado foi escrito tendo em perspectiva o problema do fanatismo, expresso pela intenção de demonstrar como o fanático pode agir para realçar toda a pureza de suas ações, iluminadas por um forte desejo de seguir o caminho de salvação traçado por sua crença. A história do fanatismo está cheia de cenas como a de clérigos e de príncipes contemplando piedosamente de suas janelas a chama sagrada que purifica as almas dos hereges e das bruxas nas fogueiras.

Nesse sentido, o fanático impõe a si mesmo privações e provações que demonstrem de forma inequívoca a retidão de suas ações. Como alerta Swift, fanáticos religiosos sempre encontraram meios de propagandear a sua condição de vítimas de perseguição. Além disso, tendem a dar amplitude exagerada aos menores percalços que encontram em seu caminho, vistos como grandes obstáculos ao triunfo de seu credo. Pular uma pedra pode ganhar relevância como a da transposição de uma montanha.

O texto de Swift em referência foi escrito no ano de 1696, num momento em que temas religiosos ainda provocavam muita confusão e discórdia, principalmente quando mesclados a questões políticas. É pertinente lembrar que, por esta época, religião e política são categorias reflexivas, e que é sempre muito difícil a tarefa de distinguir a real extensão de cada uma delas. Aqui, as atitudes fanáticas dos calvinistas ingleses são o alvo do autor. Nos fins do século XVII, na Inglaterra, os longos conflitos entre a realeza e o Parlamento ainda são referências muito presentes na memória da nação.

O conto de Swift descreve as expressões do fanatismo religioso ao demonstrar como os chefes de ordens religiosas se apegam facilmente aos atavios que ornam a sua seita, importando-se muito menos com as implicações morais da crença que abraçaram. Isto é o mesmo que dizer: o fanático, de um modo geral, se apega à liturgia, se ocupando bem menos com os dramas da fé, que o guiariam a viver a religião num espírito de devoção e de tolerância. O ornamento ganhava uma dimensão excessiva. Assim, a importância dada à forma ultrapassava a relevância conferida ao conteúdo.

Desse tema já havia se ocupado Erasmo de Roterdã, nos inícios do século XVI. Para o autor de *O elogio da loucura*, as cores das vestes dos padres eram o que menos importava na celebração do culto de Cristo. A reação de

Montesquieu demonstra que a tendência de sacrificar a fé em nome da liturgia ainda estava bem viva nos finais do século XVII. Pois foi com os primeiros desdobramentos da revogação do Edito de Nantes — ato pelo qual os franceses perseguiram outros cristãos cujo único mal foi o de professar um credo um pouco diferente da dogmática de seu soberano — que "todos se convenceram de que é muito diferente o fervor de converter os que não crêem numa religião, da observância dos seus preceitos, e de que, para a observar e amar, não é necessário odiar nem perseguir aos que não a seguem".[37]

Homens de letras como Bayle, Swift e Voltaire fizeram a literatura assumir novas tarefas e responsabilidades. Fanaticamente antifanáticos, eles transformaram a literatura em máquina de guerra, em um eficaz instrumento de intervenção política. No livro *A religiosa*, de 1760, que narra as desventuras de uma jovem desgarrada da família, Diderot utilizou-se dessa nova máquina de guerra para denunciar a vida devassa que se vivia nos conventos e o ambiente autoritário e alienante que compunha e reproduzia uma mentalidade submissa aos ditames clericais.[38]

A partir dos finais do século XVII — com Bayle e Swift, e principalmente com o advento do Iluminismo nos meados do XVIII —, a literatura tornou-se algo para muito além de simples diversão e instrução. Aqueles textos dirigidos especificamente contra as exacerbações do sentimento religioso tornaram-se uma poderosa espada, a partir de então manejada por escritores interessados em expor e analisar para um público cultivado os males causados pela superstição e pelo fanatismo.

Na época do Iluminismo, a literatura transformou-se rapidamente numa força capaz de despertar e guiar uma nova consciência. Foi uma guinada que fez da literatura algo muito diferente daquilo que havia sido nas mãos hábeis e talentosas dos autores da era do absolutismo de direito divino. Boilleau-Despréaux, Bossuet e outros escritores da Idade Clássica haviam oferecido suas penas para servir aos interesses da religião e do príncipe, cujo exercício do poder, com tendências sectárias, promovia guerras movido pela cobiça e pela intolerância.

---

[37] Ver Montesquieu, 1960:120.

[38] Diderot, 1980.

Sem dúvida, o fanatismo religioso entrou na composição do grande entusiasmo com que Bossuet aplaudiu a revogação do Edito de Nantes, ato de Luís XIV, em 1685. O episódio demonstra como, em fins do século XVII, as controvérsias religiosas ainda abrem vasto terreno para a poderosa ação da intolerância e da superstição. E a literatura também atuou como instrumento de combate. Boileau situou o seu rei no centro de uma polêmica literária que fez dele o maior monarca de todos os tempos. Com efeito, a querela entre os antigos e os modernos, concluindo pela superioridade dos últimos, acabou por legitimar as ações mais iníquas de Luís XIV. Os sermões e os livros de história e de política escritos por Bossuet talvez formem a mais fabulosa concentração de panegíricos que já se escreveram no século XVII sobre as virtudes superiores de um príncipe.

Logo, a literatura do absolutismo, à sua maneira, também esteve engajada em lutas políticas, não se constituindo em incursões desinteressadas pelo universo do beletrismo. A diferença fundamental entre autores como Bossuet e Voltaire, por exemplo, está nos ideais que defenderam. Neste terreno, contrastam a obediência passiva e a consciência crítica, a força da tradição e a rebeldia iconoclasta. O pensamento político do século XVIII transformou as justificativas ideológicas do absolutismo numa agressão tirânica contra as sociedades humanas.

As defesas teológico-religiosas do poder político — expressas pela doutrina do direito divino dos reis — foram dissolvidas pelo novo exercício da razão crítica. Processos judiciais que se tornaram célebres, como o caso Calas, tiveram como combustível o fanatismo religioso tanto das pessoas comuns quanto dos juízes cultos. Diante das atrocidades do fanatismo religioso, a razão iluminista iria se manifestar de maneira muito afirmativa, numa poderosa onda de sabotagem crítica contra a história sagrada de Bossuet, assim como contra os mitos políticos e outras formas de superstição. Uma considerável ruptura marcou a nova forma de encarar a história e as ações políticas. Para Bossuet, por exemplo, a revogação do Edito de Nantes foi um ato supremo do rei, em nome da preservação da verdadeira fé, e os huguenotes queimados por Francisco I em 1535, um exemplo de piedade cristã. Para Voltaire, estes foram dois atos movidos à base de insensatez e intolerância, frutos do fanatismo clerical, uma perniciosa influência para os príncipes.

No século XVIII o fanatismo religioso foi atacado com tanta virulência porque foi identificado como a principal origem do mal entre os homens. São os clérigos fanáticos que estão por trás de episódios como a revogação do Edito de Nantes, a blasfemar contra a razão, a atentar contra a tolerância, fonte da paz, da estabilidade e da prosperidade de uma nação. A luta anticlerical ganhou ainda uma importante dimensão econômica. Padres e freiras são seres perniciosos aos interesses de um reino, afirmavam vigorosamente Montesquieu, Voltaire e Diderot. A reprovação do monaquismo como fonte de esterilização do bem mais precioso de uma nação — os homens — reflete-se nas seguintes palavras de Montesquieu: "este ofício de guardar castidade deu cabo de mais homens que as pestes e as guerras mais cruentas".[39]

Essas famílias, por onde grassam a superstição e o fanatismo, em poucas gerações arruinarão o que poderia ser um próspero Estado: "não só perde ele de quinhentos a seiscentos mil súditos muito úteis, como os faz inimigos seus".[40] E Diderot fará coro a Voltaire. Tal como o autor do *Candide* havia feito no conto filosófico "O ingênuo", de 1767, no *Suplemento à viagem de Bougainville*, diálogo filosófico escrito em 1772, mas publicado somente em 1796, Diderot põe em cena um aborígine do Taiti a dar lições de economia política a um clérigo francês: "uma criança é um bem precioso, porque deve tornar-se um homem. Uma criança que nasce ocasiona alegria doméstica e pública: é um acréscimo de fortuna para a cabana e para a nação".[41]

A razão iluminista quis enfraquecer os vícios produzidos pelo fanatismo religioso — sobretudo a mentira e a perseguição — acentuando o poder benéfico de virtudes como a verdade e a tolerância, como fez o próprio Voltaire. Os clérigos que inspiraram o fanatismo religioso em Luís XIV, que levou ao sectarismo e à conseqüente expulsão dos huguenotes em 1685, formam uma instituição estéril e onerosa à nação. Segundo Voltaire, o clero

[39] Montesquieu, 1960:207.

[40] Voltaire, 1994f:516.

[41] Diderot, 1973b:443.

ceifa o reino de suas forças produtivas mais caras: os homens aptos às atividades rentáveis

Em seu conto filosófico "História de Jenni ou o ateu e o sábio" ficamos sabendo, por intermédio do filósofo, como raciocinava a mente clerical: "este homem é judeu, precisa pois ser queimado; e todos os seus bens me pertencem".[42] Desfradar o mundo é fazer a obra civilizadora de extirpação do fanatismo da face da Terra. E essa cruzada contra os frades será justificada pelo fato de que eles são criaturas hostis à sociedade, cadáveres que precisam ser ressuscitados para a vida e o trabalho produtivo. Como veneno para a erradicação do fanatismo seria preciso transformar abadias e conventos em hospitais, escolas e fábricas, nos diz Voltaire. Desse modo,

> a pátria teria mais homens úteis e menos infelizes. Os monges são parricidas que aniquilam uma posteridade inteira; 90 mil enclausurados, que berram ou fanhoseiam latim, poderiam dar, cada um, dois súditos ao Estado: o que soma 180 mil homens que eles fazem perecer ainda em germe. Ao cabo de 100 anos, a perda é imensa, coisa que se demonstra por si mesma. Ora, é claro que, se todos os jovens de ambos os sexos se enclausurassem, o mundo pereceria; já só por isso, a fradaria é inimiga da natureza humana, independentemente dos terríveis males que algumas vezes lhe causou.[43]

Voltaire foi um admirador confesso do humor sarcástico de Swift, a ponto de declarar que quanto mais lia as obras do escritor irlandês, mais se envergonhava das suas. Esse tema dos frades, abordados como parasitas de uma nação — que sem dúvida foi reapropriado e desenvolvido por Voltaire —, aparece desde o início do século XVI, na obra de Thomas Morus, por exemplo. Na opinião do chanceler de Henrique VIII, nobres e frades eram como "zangões ociosos", nutrindo-se do trabalho alheio. Dois séculos

---

[42] Voltaire, 1994d:537.

[43] Ibib., p. 652 e segs.

mais tarde, Swift escreveu sobre esse assunto o texto "Um argumento contra a abolição do cristianismo".[44]

Então, fica-se sabendo que, para o autor do *Cândido*, os partidários das seitas consentidas, ou mal toleradas — o que é quase a mesma coisa, dependendo apenas do estado de espírito dos príncipes —, são criaturas muito úteis a uma nação. E sob esse aspecto, muito mais até do que aqueles que, nas sociedades aristocráticas do antigo regime, professavam a religião oficial. Ora, as minorias religiosas podiam distinguir-se apenas pelas riquezas que produziam com o suor do próprio rosto, por estarem afastadas dos cargos importantes, das dignidades e honrarias.

Como Bayle, Fontenelle e Swift, Voltaire também se engajou nas muitas lutas do bom senso contra a insensatez de clérigos e juízes do Antigo Regime. Ele se defrontou corajosamente com a poderosa Igreja do Antigo Regime e escolheu *Dos delitos e das penas*, obra do jurista e filósofo italiano Cesare Beccaria, como uma espécie de livro de cabeceira dos novos tempos de uma civilização liberta dos horrores do fanatismo. Escreveu para o livro de Beccaria um "Comentário" que foi publicado como prefácio em muitas edições européias do século XVIII, o que contribuiu para ampliar a difusão da obra do jurista milanês.

A adesão de Voltaire às idéias de Beccaria é a marca de seu combate contra a "astrologia judiciária" — julgamentos que admitem a culpabilidade ou a inocência por meio de desígnios misteriosos como, por exemplo, a prova da água —, muito forte até o século XVII, mas ainda presente nos tribunais da Europa de seu tempo, e disposta a julgar e a punir sortilégios e possessões diabólicas, individuais e coletivas. Em seu livro o *Século de Luís XIV*, Voltaire aplica a moral de uma fábula de La Fontaine como denúncia dos parlamentos e dos juízes: "perdoa-se tudo aos leões, aos lobos e aos ursos, e um animal inocente é sacrificado por ter comido um pouco de erva".[45]

Isso mostra que ele enxergava com horror as práticas de tortura largamente utilizadas em seu tempo e se revoltava contra a desproporcionalidade entre crime e castigo. É um Voltaire tomado de irônica indignação pelo

---

[44] Ver Swift, 1999:424 e segs.

[45] Voltaire, 1957c:1013.

"caso La Barre" que ouvimos em "O homem dos quarenta escudos", outro de seus numerosos contos filosóficos.

> Podem outros pensar de modo diferente, e cada qual a seu gosto; mas já se disse, e cumpre repetir, que um enforcado não serve para coisa alguma, e que os castigos devem ser úteis. Há alguns anos, na Tartária, dois jovens foram condenados ao empalamento por terem assistido, de chapéu na cabeça, a uma procissão de lamas. O imperador da China, que é homem de muito espírito, disse que os teria condenado a marchar em procissão, sem chapéu, por três meses.[46]

A crítica que Voltaire fez da justiça de seu tempo foi uma coordenada que a cultura política ocidental não mais perdeu de vista. Por que fazer perecer criaturas que, por pequenos deslizes da mocidade, são jungidas às rodas e até levadas à fogueira, como se tivessem executado hediondamente uma mãe, um pai, um irmão? No conto filosófico "A princesa da Babilônia", quem surge em cena é o Voltaire das *lettres de cachet*, o intelectual dos diversos refúgios, o homem caçado pelos gendarmes parisienses durante quase três décadas:

> Outros ocupados, em menor número, eram zeladores de antigas usanças bárbaras contra as quais bradava a natureza; não consultavam senão os seus registros roídos de traças. Se ali encontravam algum costume insensato e horrível, consideravam-no como uma lei sagrada. Devido a esse covarde hábito de não ousarem pensar por si mesmos, e de haurirem suas idéias nos destroços dos tempos em que não se pensava, é que, na cidade dos prazeres, ainda existiam costumes atrozes. É por esse motivo que não havia nenhuma proporção entre os delitos e as penas. Faziam às vezes um

---

46 Voltaire, 1994g:658.

> inocente sofrer mil mortes para obrigá-lo a confessar um crime que não havia cometido. Puniam uma leviandade de rapaz como teriam punido um envenenamento ou um parricídio.[47]

O contraste nas intervenções críticas de autores como Swift e Voltaire — que marcam clara posição contra costumes incompatíveis com o estado da civilização européia no século XVIII — é que, para combater a intolerância e o fanatismo, eles empregam armas semelhantes às de seus opositores. Com freqüência, eles se revelaram fanaticamente antifanáticos e, em meio aos seus combates, usaram intolerância contra intolerância. Servir do próprio veneno, eis a regra.

Isso significa que, ao combater pela tolerância e contra o fanatismo, nem sempre é possível poupar-se inteiramente desse vício. Atacando com vigor o fanatismo religioso, alguns homens de letras da época moderna tentaram estabelecer um certo valor eqüitativo para todas as crenças. Partiam do princípio de que, se todas as religiões possuíam uma entidade suprema como objeto de adoração, por que essa ou aquela religião poderia se ter na condição de única crença portadora da pureza doutrinal e deter o monopólio da verdade?

Para Voltaire, a superstição era irmã gêmea do fanatismo, arrastando os homens para um mundo de terror e confusão. Ele conta que, todos os anos, no dia 24 de agosto, se sentia abatido e se deixava tomar por uma prostração incontrolável. Para Voltaire, os fanáticos da Noite de São Bartolomeu acreditaram na necessidade do banho de sangue como um dever de purificação; após todos aqueles atos de crueldade, que impressionaram o próprio inferno, acreditavam de boa-fé que Cristo e os santos ainda lhes ficavam devendo homenagens:

> O mais detestável exemplo de fanatismo foi aquele dos burgueses de Paris, que se apressaram a assassinar, a degolar, a atirar pelas

[47] Voltaire, 1994g: p. 602 e segs.

> janelas, a esquartejar seus concidadãos na noite de São Bartolomeu, apenas porque não iam à missa.[48]

As ondas sucessivas de fanatismo que varreram a Europa cristã desde a Baixa Idade Média até os meados do século XVIII só podem ser explicadas quando se toma em perspectiva numerosos e complexos fenômenos históricos. As Cruzadas à Terra Santa, as Guerras de Reconquista na Espanha, os combates à heresia por parte do Santo Ofício, os processos de caça às bruxas e os conflitos das Guerras de Religião — que são ocorrências históricas distintas, mas que possuem o cristianismo como traço comum — só revelam a complexidade de sentido que possuem quando contrastadas com uma série de acontecimentos, tema do próximo capítulo.

Vale ressaltar uma vez mais que tais assuntos não são novidades recém-descobertas pelos historiadores. São temas clássicos da cultura intelectual do Ocidente e mereceram inúmeras abordagens nos campos da ficção literária, da historiografia, da antropologia. O cinema também tem transformado esses temas — aparentemente remotos e ultrapassados — em questões para a reflexão do nosso tempo presente. Filmes como *O nome da rosa, Giordano Bruno, A rainha Margot*,[49] entre tantas obras de arte, são excelentes instrumentos de reflexão sobre temas que ainda hoje abalam o mundo. As confluências entre a religião e a política, a intolerância para com a diferença e o sentimento de superioridade cultural, eis temas que nos revelam os elos históricos de nossa aldeia global com as sociedades multifacetadas da Idade Média e as dos séculos XVI, XVII e XVIII.

Expressões do fanatismo religioso, as Cruzadas, a Inquisição, as Guerras de Religião e a caça às bruxas possuem como traço comum a tendência da autoridade religiosa, do poder político e de seus agentes de se contrapor às idéias de indivíduos ou grupos cuja crença foi percebida como diferente e, por isso, um mal em si. Fanáticos da Idade Média e da época moderna não se detiveram nem mesmo diante dos segredos de consciência, ou seja, do que

---

[48] Voltaire, 1994b:264.

[49] Acerca desses temas cinematográficos — entre livros de ficção literária e obras de pesquisa acadêmica —, leia-se Eco, 1985; Yates, 1986; Dumas, 2001.

Quadro de Guilot, Biblioteca Nacional de Madri. Reunião de demônios.

O fim de Savonarola em Florença (1498). O "profeta desarmado", na definição de Maquiavel, foi levado à fogueira com a queda do efêmero regime político-teocrático que implantou em Florença, a partir da queda dos Médicis, em 1494.

compreendemos hoje como tolerância e liberdade religiosa. Para eles, era preciso travar combates em defesa de um núcleo duro de crenças oficiais, de uma ortodoxia supostamente em perigo, que julga sem compreender e pune com sentenças predefinidas. Como diria Montaigne, a razão humana é — e continua a ser — um instrumento vago e mal regulado.

Por último, é preciso dizer que autores como Montaigne, Swift, Montesquieu e Voltaire são praticamente inesgotáveis, em termos das possibilidades interpretativas sobre o fanatismo religioso. Séculos após sua concepção, suas obras continuam muito relevantes e podemos compreendê-las segundo o padrão de nossas próprias experiências religiosas. Se o que caracteriza uma obra clássica é a multiplicidade de sentidos e a inesgotabilidade de interpretações que permitem, em diferentes contextos de sua recepção, com toda certeza essas obras são clássicas, naquele sentido que atribuiu Italo Calvino, o de que um clássico é um livro que nunca terminou de dizer aquilo que tinha para dizer.[50]

Sempre será relevante a tentativa de compreender o sentido original que — em seu contexto social, histórico e cultural — esses autores atribuíram ao fanatismo religioso. A luta contra o fanatismo foi uma espécie de cruzada em que os homens de letras participaram como aguerridos combatentes, na tentativa de extirpar um grande mal da face da Terra. Mas tão relevante quanto a tentativa de determinação do sentido de tais obras examinadas em seu lugar de elaboração é o esforço intelectual de compreender a significação que tais obras possuem para nós hoje, haja vista a presença ainda marcante do fanatismo religioso em nosso tempo.

---

[50] Ver Calvino, 1993:11.

Cozinha das Bruxas, David Teniers, Museu do Mosteiro da Ordem Cartuxa de Douai. Cena ilustrativa da fabricação de poções transportadoras.

3
A chama sagrada da violência

(...) ouvi dizer que na Espanha e em Portugal há uns daroeses que não duvidam e mandam queimar um homem como se fosse palha. (...) e antes que pensem ao menos em ouvi-lo, já se terá transformado em cinza.

Montesquieu

A idéia de Cruzada no Ocidente medieval nasceu da intensa religiosidade que incluiu entre as expectativas dos fiéis a busca da eterna salvação das almas. O ideal de Cruzada cristã implicava a peregrinação à Terra Santa em busca de vivência das verdades do cristianismo primitivo. O fervor religioso dos cruzados incluía a intervenção de entidades do imaginário cristão — entre elas São Miguel e São Jorge — que se faziam presentes como apoio espiritual em meio aos combates contra os infiéis. Acerca das motivações das Cruzadas o historiador francês Jacques Le Goff indaga: "o que seria da Cruzada sem uma certa mentalidade religiosa?".[51] De fato, motivações religiosas foram aspectos muito relevantes desse fenômeno histórico que perdurou por séculos. Entretanto, além de motivações religiosas, muitos outros interesses estavam em jogo em meio aos esforços de implantação de reinos cristãos na Terra Santa por parte da Igreja e dos príncipes.

Sem desconsiderar as questões de ordem econômica e os impulsos militares da nobreza européia — o "humanismo cavaleiresco", na expressão do historiador das religiões Emile Léonard —, as Cruzadas foram, acima

---

[51] Le Goff, 1976:69.

de tudo, uma manifestação do sentimento religioso da Idade Média. O móvel primeiro das expedições, na esfera de sua justificação doutrinal, era a tomada do Santo Sepulcro aos infiéis, seguidores do profeta Maomé. A esta idéia ligavam-se, como desdobramento lógico, os esforços dos cristãos por sua salvação bem como a espera pelo retorno de Cristo. Essas eram questões centrais para a cristandade, que as pregações dos papas e de seus prepostos fizeram enraizar em solo bastante fértil. Esses problemas, por mais de dois séculos, passaram a orientar o sentido da existência dos homens no Ocidente cristão, em sua efêmera e precária passagem pelo mundo terreno.

Ir a Jerusalém combater os infiéis implicava receber um novo batismo, muito mais elevado que o original. Estar presente no lugar em que Cristo reapareceria também fazia parte da pregação religiosa dos clérigos. A idéia de Cruzada foi tanto mais forte quanto mais firme foi a cultura apocalíptica medieval. Nesse ambiente de intenso fervor religioso numerosos visionários encontraram condições ideais para suas pregações às massas cada vez mais aterrorizadas com os sinais dos tempos. Pestes, carestias e heresias indicavam a incontornável proximidade do fim do mundo e eram um encorajamento à pregação religiosa inflamada, e a todo tipo de sacrifícios e penitências. As Cruzadas tornaram-se, ao menos em parte, um "ritual de purificação" dos fiéis em meio a uma obra de salvação coletiva e diante de um fim iminente.[52]

A noção de guerra santa é um dos mais significativos elementos que remetem às manifestações do fanatismo religioso medieval e às formas de sua justificação doutrinal. Junto com a idéia de purificação e com o ideal de salvação, a Igreja medieval incluiu o tema da expulsão dos muçulmanos da Europa em seu programa de Cruzada. Os cristãos que combatem os mouros na Espanha morrem por sua pátria e pelo triunfo da verdadeira fé. Quem tomba em combate contra os pagãos tem a completa remissão dos seus pecados e torna-se um mártir do cristianismo.[53]

---

[52] Esta é a conclusão de um dos mais reputados especialistas: Alphandéry, 1954.

[53] Ver Leonard, 1957.

As Cruzadas foram a combinação das crenças religiosas eruditas e populares, das concepções políticas das monarquias feudais e das ambições de alguns altos dignitários da Igreja. Os crentes logo se convenceram de que, em nome da salvação, era preciso experimentar tudo o que havia de mais terrível na vida, como a pobreza, a fome, as enfermidades e as perseguições. Em nome do fervor religioso as famílias de camponeses e citadinos sacrificam os bens que possuem.

Cronistas medievais, como Guibert de Nogent, registraram a patética indigência daqueles que, já famintos e descamisados a caminho da Terra Santa, perambulavam pela Europa perguntando se ainda estavam longe de Jerusalém. Bandos inteiros de profetas desarmados foram esmagados na própria Europa, antes mesmo de chegar a Constantinopla rumo à Terra Santa, em 1095, na Primeira Cruzada. Segundo a análise de Emile Léonard, tais cenas estão muito distantes do homem de nosso tempo. Entretanto, como se abstrai o sentido religioso que possuíram em sua origem, lembram os êxodos provocados pelas guerras do século XX.

Na esperança da salvação, parte da nobreza se arvorou na conversão de judeus na Alemanha, conversões forçadas que terminavam em terríveis massacres. O fervor religioso popular logo fez com que a Igreja perdesse a direção do processo das Cruzadas. A busca de salvação pessoal por parte das massas de crentes fanáticos fez com que se afastassem das regulamentações de Roma, desconhecendo por completo a hierarquia e a disciplina eclesiásticas. Foi necessário um grande esforço do clero para enquadrar o fervor religioso popular aos ditames da ortodoxia. Assim, o esforço das Cruzadas acelerou a institucionalização da Igreja medieval.

O declínio da Igreja católica no início do século XVI e a conseqüente perda de prestígio dessa instituição milenar não arrefeceram a sensibilidade religiosa no espírito dos homens daquele tempo. Ao contrário, a Reforma Protestante, em suas várias e contrastantes linhagens doutrinais, intensificou o espírito religioso do cristianismo. O historiador francês Lucien Febvre chamou a atenção para esse aspecto da história religiosa da Europa no início da época moderna.

Analisando o problema da existência ou não do ateísmo, e principalmente do racionalismo científico na obra de autores do século XVI, em especial nos escritos de Rabelais, Febvre assinalou que o verdadeiro problema teórico não era saber se o ateísmo e o racionalismo científico já estavam presentes naquele tempo, mas investigar se de fato existiram as condições necessárias para a sua presença na perspectiva dos homens do século XVI.

Em seu livro *O problema da descrença no século XVI — a religião de Rabelais*, Febvre responde pela negativa, ou seja, o ateísmo e a racionalidade científica não poderiam ter-se desenvolvido no século XVI porque sequer havia na linguagem da época — no vocabulário disponível mesmo aos homens de letras naquele contexto histórico — a terminologia adequada para expressar tais idéias.

Para Febvre, todos os historiadores que até então tinham identificado Rabelais e seus contemporâneos como ateus e livres-pensadores haviam incorrido na maior ilusão do historiador, o pecado do anacronismo, ou seja, a tendência de encontrar valores ou fatos em ambientes sociais nos quais eles não ocorreram. Isso deve significar, segundo a análise de Febvre, que ser ateu no século XVI implicava coisa muito diferente de ser um pensador do tipo que o Iluminismo produziria mais tarde.

O erro dos historiadores, segundo Febvre, foi identificar como ateísmo a presença de certos elementos da cultura folclórica ainda muito impregnados de elementos antigos da tradição pagã. Quando contrastada com os traços culturais do cristianismo, essa cultura folclórica do século XVI acabava revelando indícios que eram interpretados como manifestações de ateísmo. Em *O queijo e os vermes* o historiador italiano Carlo Ginzburg demonstrou, para essa mesma época, a concepção tipicamente pagã de mundo, mas fortemente mesclada de elementos do cristianismo, desenvolvida por um moleiro do norte da Itália.

E os debates e combates travados entre católicos e protestantes vêm revelar o mais autêntico espírito do século XVI. As controvérsias religiosas dessa época são provas consistentes de que as sociedades no início dos tempos modernos respiravam uma atmosfera de profunda credulidade, de religiosidade intensa e de fanatismo. As Guerras de Religião que ensangüentaram a França ao longo da segunda metade do século XVI formam um traço marcante do fanatismo religioso.

As motivações que desencadearam a violenta guerra civil, que se estendeu de 1560 a 1598, devem ser procuradas no significativo avanço do calvinismo na França. A doutrina calvinista acabou por conquistar parcela numerosa dos franceses, recrutando adeptos em todas as camadas sociais. Até mesmo na corte dos "reis cristianíssimos", como se auto-intitulavam os reis da França desde a Idade Média, o calvinismo se alastrou como uma autêntica praga, tal a rapidez de seu processo de expansão. E as adesões de importantes elementos da nobreza francesa à nova religião acabaram por abrir uma escalada de ódio e violência dentro da própria corte dos últimos reis Valois.

O protestantismo foi visto como fonte de desordem e desagradou profundamente o rei católico Francisco I, desde as primeiras décadas do século XVI. Os adeptos franceses da Reforma de Lutero chocaram os parisienses ao mutilar estátuas da Virgem Maria e ao divulgar cartazes contra a missa. O rei se inquietou e partiu para uma violenta repressão. A aplicação da justiça naquele tempo se dava por meio de práticas brutais aos nossos olhos. Os juízes católicos que representavam a vontade do rei serviram à monarquia com o rigor de quem abraça cegamente a causa da religião verdadeira.

Em 1540 mais de 3 mil pessoas foram massacradas por professar a heresia protestante, numa decisão do Parlamento de Aix-en-Provence. Francisco I se impressionou diante da violência da repressão, que escapou ao seu controle. Era o início das guerras religiosas na França, uma guerra civil alimentada pelo fanatismo religioso de ambos os lados. Onde governam, os protestantes destroem imagens e derrubam as igrejas. O domínio dos católicos é marcado por massacres e fogueiras.

A monarquia francesa logo criou uma seção especial no Parlamento de Paris, com a finalidade de julgar os hereges luteranos. Muitos protestantes foram queimados a partir do reinado de Henrique II. A repressão recrudesceu com o aparecimento do calvinismo, que oferecia uma organização e uma base doutrinal aos protestantes franceses, que passaram a ser conhecidos como huguenotes. Aliás, esse termo requer um esclarecimento de seu sentido original. Durante o século XVI, o protestantismo francês desenvolveu-se sob a influência das concepções religiosas de Lutero e de Calvino. Naquele tempo, luteranos e calvinistas franceses enfrentaram violenta oposição dos católicos, que se uniram em uma liga chefiada por aristocratas. A oposição católica organizada visava aniquilar os heréticos pelo ferro e pelo fogo. Mobilizados para a luta, católicos e protestantes enfrentaram oito guerras religiosas, que se estenderam de 1560 a 1598. O conflito uniu as duas linhagens confessionais do protestantismo francês, até então divididas em duas seitas predominantes. Para alguns historiadores a palavra huguenote deriva do termo alemão *eidgenossen*, que significa federados. Para outros historiadores, a origem do termo está relacionada a um dos locais de reunião dos protestantes, a torre do rei Hugo, na cidade de Tours.

Fugindo das perseguições que lhe moviam na França, Calvino instalou um governo tirânico em Genebra. A exemplo dos católicos, Calvino também se utilizou das fogueiras como método de purificação das almas, em meio aos combates em defesa da ordem política e pela imposição de sua crença. A austera Genebra de Calvino forneceu um modelo a ser imitado por muitas comunidades protestantes francesas.

Nesse contexto de antagonismo, a idéia de tolerância religiosa era coisa de uns poucos humanistas ao longo de um século inteiro de choque de crenças, como foi o caso de Erasmo e de Montaigne. Num ambiente em que a ortodoxia milenar da Igreja estava em questão, e que novas seitas emergiam como as legítimas portadoras da pureza de um cristianismo reprocessado, a idéia de tolerância religiosa passou a ser vista pelos poderosos do tempo como uma fraqueza imperdoável, fonte de distúrbios da ordem e ruína da autoridade.

Uma metáfora médica foi muito utilizada no século XVI para expressar o tratamento que se devia adotar contra os inimigos inconciliáveis de ambos os lados: quando um membro do corpo está comprometido pela gangrena o cirurgião não pode ter dúvida sobre a ação que lhe cabe. Os príncipes devem agir do mesmo modo, utilizando-se da "chama sagrada da violência"[54], para que o mal não se espalhe pelo corpo político.

Muitas perseguições foram organizadas pelos reis, na tentativa de conter o avanço das novas idéias e práticas religiosas e de reconquistar as áreas do reino sob influência dos reformados, particularmente regiões do Sul da França. Alianças políticas foram firmadas entre nações católicas, como o tratado de Château-Cambrésis, entre a França e a Espanha, na tentativa de estancar o desenvolvimento do protestantismo em território francês.

Sentindo na própria pele os resultados contundentes da repressão, os protestantes franceses se organizaram numa coligação que se tornou conhecida à época como o "partido huguenote". O conflito religioso logo tomou o caráter de uma verdadeira guerra civil, cujo episódio mais marcante foi a Noite de São Bartolomeu. Esse massacre de milhares de protestantes deve seu nome por ter-se iniciado a 24 de agosto, dia comemorativo desse mártir do cristianismo primitivo.

Foi uma chacina generalizada ocorrida em 1572. Apenas em Paris, deixou um rastro de cerca de 3 mil assassinatos em três dias. A convulsão coletiva parisiense se espalhou por inúmeras províncias, oferecendo, em seu término, um saldo de 30 mil mortos em todo o reino. Segundo a interpretação de Jean Baubérot, "pode-se analisar São Bartolomeu como um crime ritual em que os huguenotes são as vítimas a sacrificar. Matando os chefes, o rei punha fim às suas hesitações. Por sua vez o povo purificava o reino".[55] Destino trágico teve o chefe dos protestantes, o almirante Coligny: assassinado e lançado pela janela, teve seu corpo pisoteado pelo duque de Guise, que anos mais tarde lideraria a Liga Católica contra o próprio rei, Henrique III. Antes da Noite Negra de 24 de agosto de

[54] Ver Wolin, 1973.

[55] Baubérot, 1987:37. Sobre as Guerras de Religião leia-se também Chartrou-Charbonnel, 1938.

1572, as lutas religiosas na França já impressionavam pela violência dos conflitos.

A Noite de São Bartolomeu demonstra como essa época ainda estava impregnada pela intolerância e o fanatismo religioso cristão que nasceram e se desenvolveram ao longo dos séculos da Idade Média. Entre os fatores intervenientes no processo das Guerras de Religião do século XVI podem ser citados: a fragilidade política dos últimos reis Valois; a expansão do calvinismo na França; a intransigência religiosa por parte da monarquia; e a disputa pelo poder entre as grandes casas senhoriais que representavam os resíduos históricos de particularismos feudais.

Uma série de lutas envolvendo diversas casas senhoriais estourou na França, nas quais participaram as monarquias francesa, inglesa e espanhola. Houve uma luta dinástica polarizada nos Valois, Guises e Bourbons, reconhecida como a Guerra dos Três Henriques. Os anos 1589/1598 marcam a ascensão e triunfo de Henrique de Bourbon, com a paz religiosa negociada a peso de ouro (Edito de Nantes). Como afirma o historiador francês Emmanuel Le Roy Ladurie, as polpudas quantias pagas por Henrique IV passaram a impedir que um nobre continuasse a pular no pescoço de outro quando o tema em pauta fosse religião.[56]

Não se pode negar a natureza eminentemente religiosa desse fenômeno que, na França, atravessou de forma intermitente quase toda a segunda metade do século XVI. As dissensões entre duas facções que se crêem portadoras da verdadeira fé são o registro mais claro do fanatismo religioso dos conflitos. Aos homens do período, a convivência pacífica de dogmas diferentes foi algo impossível de suportar nas fronteiras de um mesmo reino.

Entretanto, há algo mais nesta história de violência e intolerância religiosa, porque o fenômeno é muito mais complexo, afastando a idéia simplificadora de uma só causa. As Guerras de Religião foram também conflitos políticos entre grandes casas senhoriais — recorrências muito vi-

[56] Ver Le Roy Ladurie, 1994.

vas do feudalismo e que revelavam a força das tradições particularistas ao menor sinal de fragilidade da monarquia. Está claro que a sucessão de reis fracos levou ao enfraquecimento da autoridade real em diversas regiões da Europa. Portanto, é preciso considerar também a dimensão política do fenômeno à medida que, na França, esse elemento tornou-se preponderante a partir do reinado de Henrique III.

As Guerras de Religião se converteram numa luta dinástica, numa disputa pela coroa entre Henrique III, Henrique de Guise e Henrique de Navarra. Até o rei espanhol Filipe II, casado com uma das princesas Valois, se envolveu nas disputas. As Guerras de Religião foram um recrudescimento do feudalismo, porque a fragilidade da monarquia representava uma oportunidade aos nobres — progressivamente subordinados pelo poder real — de recuperarem a sua autonomia e de reviverem seus antigos costumes feudais, as suas guerras privadas e as suas práticas de pilhagens. Após 40 anos de lutas estéreis o reino da França estava devastado e dividido. A monarquia sofreu sérios abalos. Henrique IV destacou-se como o artífice da paz e o maior expoente da tolerância religiosa entre os dois partidos divididos pelo excesso de zelo em relação à sua fé.

Muito interessante sobre o fanatismo religioso nos inícios da época moderna é *A Rainha Margot*, filme baseado numa obra literária do século XIX, de Alexandre Dumas. O filme expressa, em imagens fortes— e como obra de arte pode ser um trabalho de elaboração criativa livre para recriar a seu modo um contexto histórico —, o clima de intolerância que opôs católicos e huguenotes. A história tem como pano de fundo as aventuras amorosas de Marguerite de Valois, futura Marguerite de Bourbon, rainha de Navarra.

A trama transcorre de 1572 a 1574, tendo por episódios históricos um casamento político, o massacre de protestantes e as lutas decorrentes entre católicos e seus rivais em fé. Trata-se da abordagem de um tema capital da história francesa, da mesma forma que *E o vento levou* representa a exploração de temas marcantes da história norte-americana como, por exemplo, a escravidão. Com efeito, a Noite de São Bartolomeu é um aspecto importante da memória coletiva francesa, um tema passível de muitas e diversas leituras, o que tem sido feito ao longo de mais de quatro séculos de história e retratado pela literatura, pintura e historiografia. Por extensão, a temática interessa de perto a todas as sociedades ocidentais possuidoras de uma matriz religiosa comum.

É preciso avaliar que leitura é feita de um filme histórico e não apenas avaliá-lo em sua trama interna e em seus elementos de reconstituição do passado. Isso para dizer que é preciso trazer a obra de arte para o contexto de sua produção, relacionando-a com outras possíveis questões que a influenciaram. Pensando assim, o que o filme revela a partir do ângulo de visão do historiador? Em primeiro lugar, o teor violento da vida no século XVI: duelos, assassinatos, envenenamentos, conspirações, intolerância, fanatismo etc. No século de Lutero e Calvino, o indivíduo ainda dava plena vazão às pulsões, deixando-se arrastar pelo impulso de paixões que revelam aspectos contrastantes de sua personalidade: oscila entre a cortesia e a brutalidade, a contrição e o pecado. Veja-se, por exemplo, as cenas do personagem Cocognas.

Isto para afirmar que o século XVI representa o ponto de partida do que Norbert Elias reconheceu como "a civilização dos costumes", ou seja, o processo de definição das regras de polidez, das maneiras de como se comportar em público, de como ser senhor das próprias emoções, processo que alcançou seu paroxismo nas chamadas "sociedades de corte" dos séculos XVII e XVIII. Estas, por sua vez, se caracterizaram pelo gesto bem estudado dos cortesãos, as maneiras refinadas no vestir e no falar, o que vai se tornar uma verdadeira arte.

A rainha Margot, de Patrice Chéreau, mostra ainda a religiosidade exacerbada, em contraste com o espírito de ódio e vingança aos que professavam idéias diferentes. A personagem Cocognas é bem a expressão de uma frase do século XVI, de autoria de Michelangelo: "o homem é capaz de grandes crimes, mas de penitências ainda maiores para remediá-los". Ou seja, Cocognas se esforça em sacrifícios como o da sua reconversão, para apaziguar a consciência manchada pelo sangue huguenote derramado. A personagem revela, nitidamente, toda a complexidade psicológica do homem do século XVI.

As Guerras de Religião, que após o advento da Reforma fizeram correr rios de sangue entre facções políticas adversárias e inconciliáveis em profissão de fé, criaram condições muito desfavoráveis à secularização das idéias políticas. A Reforma protestante teve como resultado mesclar a prática política e o pensamento político com a religião, numa dimensão muito mais intrincada do que haviam atingido durante a maior parte da Idade Média. Exemplo disso é a célebre *Vindiciae contra tyrannos* e a sua teoria do tiranicídio, que é um atentado contra o corpo sagrado do rei. Como os católicos, em seu fervoroso empenho na defesa do direito divino dos reis, os protestantes também buscaram as suas justificativas políticas nas Sagradas Escrituras. A Bíblia foi transformada num sabre afiado brandido com vigor extraordinário de ambos os lados.

Como *A rainha Margot*, o filme *Giordano Bruno* também revela o imaginário político do século XVI, ainda saturado de religião e de fanatismo. Há muitas cenas de suplícios públicos, eventos assistidos por multidões. Ao longo da época moderna, o fanatismo deu o tom da excitação e da histeria coletiva. Ao retratar esses tempos obscuros, Voltaire lembrava, no *Dicionário filosófico*, que cada cidade tinha o seu bruxo ou sua bruxa, cada príncipe tinha o seu astrólogo, todas as damas tinham a sorte lida, os possessos percorriam campos, discutia-se quem tinha visto o diabo ou quem o veria.

Acerca das manifestações do fanatismo religioso no século XVI, o caso Giordano Bruno foi um dos mais rumorosos processos da Inquisição. Giordano Fillipo nasceu em Nola, perto de Nápoles, numa família de camponeses. Ao ingressar na ordem dos dominicanos adotou como nome Giordano Bruno. Segundo a historiadora inglesa Frances Yates, Bruno

> entrou para a ordem dominicana em 1563 e tornou-se habitante do grande convento dominicano de Nápoles, onde está enterrado Tomás de Aquino. Em 1576, ficou em apuros por heresia e fugiu, abandonando o hábito de dominicano. Daí em diante começou uma vida errante através da Europa.[57]

Bruno elaborou uma concepção orgânica do universo como um corpo vivo, traço central de sua filosofia natural. Paralelamente às suas reflexões científicas, ele formulou uma dura crítica ao mundo clerical: "viver em estado asinino", para ele, significava compactuar com o ambiente dogmático da Igreja, instituição impermeável ao esclarecimento e fechada à reflexão livre. Ele foi um humanista completo, no sentido de dominar vários campos do saber, ainda não transformados em especialidades, o que se deu pela descompartimentação da filosofia, que originou os campos disciplinares da ciência moderna. Seu humanismo e individualismo expressam um ideal que nasceu e se aprofundou com a Reforma: que os homens se empenhassem na salvação por seus próprios esforços, desligando-se da tutela da Igreja. Seu pensamento é expressão da riqueza das idéias heterodoxas surgidas na Renascença, como a existência dos desviantes ou, como eram chamados, os "delinqüentes", que passaram a desafiar a ordem e os poderes até então concebidos como guardiões inquestionáveis de verdades eternas.

A intolerância clerical, que não se constrangia em utilizar-se da truculência do poder secular, é elemento distintivo de sua época: os maiores atentados contra o homem livre são realizados ao som de rezas muito piedosas. Madre castíssima, madre imaculada, madre sereníssima formavam o refrão que marcava o compasso litúrgico das execuções de heréticos. Testemunhos forjados formavam a regra da persuasão pelo terror, o que gerava uma aterrorizante liturgia do medo. Exemplo das maquinações no processo de Bruno foi o suborno por parte da Igreja — por meio de con-

[57] Yates, 1986:216.

cessão de prebendas eclesiásticas — às famílias poderosas da República de Veneza que exerciam influência sobre as decisões do Senado para aprovar a extradição de Bruno para Roma.

A elite clerical apegava-se à idéia de que um só homem podia fazer mais estragos do que um exército inteiro de bárbaros. Lutero era o exemplo em perspectiva. O pensamento de Bruno foi concebido por seus detratores como uma rica e imaginativa enciclopédia de heresias, e tudo o que já era, e que passou a ser o terror da ortodoxia católica — ao tempo das guerras e perseguições religiosas da segunda metade do século XVI —, estava estampado nos seus textos em caracteres de alta definição.

Para Frances Yates, "a ética advogada por Bruno é a de uma lei e uma ordem que encorajem as atividades pacíficas e úteis, sendo expulsa entre elas a guerra entre seitas".[58] E mais adiante a autora indaga:

> por que, então, provocou esse debate tão perigoso? Em parte, talvez, por uma incapacidade de guardar silêncio. O caráter de Bruno é extremamente difícil de avaliar; por um lado, constatamos uma constante autopromoção e um estilo bombástico; por outro, a consciência, certamente genuína, de uma missão.[59]

Cronologicamente, a filosofia de Giordano Bruno situa-se entre o pensamento político de Maquiavel e de Hobbes. Mas ele não foi um pensador político, apesar das inúmeras implicações políticas de suas idéias. Maquiavel quis separar a religião e a política em esferas distintas. Hobbes quis submeter a religião à política, rompendo com a tradição e os símbolos da realeza sagrada na Inglaterra dos reis católicos Stuarts. Para Bruno, de modo similar, a religião não era uma paixão civilizadora, mas uma força que desagrega, um solvente da ordem e um catalisador do caos. Da mesma forma que o pensamento de Maquiavel e de Hobbes, as idéias de

---

[58] Yates, 1986:256.

[59] Ibid., p. 336.

Bruno surgiram como um foco de fissura na cultura clerical dos séculos XVI e XVII, e ajudaram a abrir caminho para a chamada "crise da consciência européia", que ilustrou a luta entre dois mundos opostos expressos, de um lado, pela ortodoxia católica, e, de outro, pelo racionalismo cartesiano e pelo empirismo da ciência moderna. O mundo passou a ser concebido por ele como matéria em movimento, com leis gerais e imutáveis: "a máquina da terra", organismo vivo e pulsante que se põe em movimento seguindo leis naturais, está toda articulada e seus elementos são comuns a todos os seres.

É bom lembrar que o rei da França, Henrique III, criou uma cátedra especial para Bruno na Universidade de Paris, cidade que fora seu refúgio a partir de 1581, após temporada de dois anos em Toulouse. O rei da França ainda criaria para ele uma "espécie de missão política", quando de sua estadia na Inglaterra de Elizabete I. E Giordano Bruno retribuiu ao príncipe com referências elogiosas à sua figura de soberano devoto e pacifista em seu livro *Spaccio della bestia trionfante*:

> ama a paz e preserva feliz o seu povo, tanto quanto possível, na tranqüilidade e na devoção; não lhe agrada o tumulto ruidoso dos instrumentos marciais, que ministram às cegas as instáveis aquisições das tiranias e principados da Terra; e sim toda espécie de justiça e santidade que indique o caminho reto para o reino eterno.[60]

Em seus anos parisienses, Giordano Bruno travou duros combates contra a força da tradição. Devido a esses e a outros embates intelectuais violentos com os peripatéticos parisienses — seguidores entusiasmados de Aristóteles —, ele teve de sair da França. Um atento observador dos debates intelectuais da época, Montaigne, ajuda-nos a compreender o motivo de tamanha cólera: "Aristóteles é o deus da ciência escolástica; é sacrilégio discu-

[60] Citado por Yates, 1986:207.

tir-lhe os conceitos".[61] Na França das Guerras de Religião, Bruno não encontrou espaço receptivo para a exposição e a discussão de suas idéias. O silêncio obtido por meio da intolerância, eis o método utilizado pelo fanatismo para cortar o diálogo e preservar a autoridade de um chefe de escola.

Como lembra Yates, num debate público no Collège de Cambrai, ocorrido em maio de 1586, o provocador Bruno teve de se evadir, após a leitura de um de seus textos, escrito contra os herdeiros de Aristóteles. A atmosfera de fanatismo dos pedantes católicos, segundo a própria expressão de Bruno, criou um clima de tanta hostilidade que ele deixou de escrever quando de sua segunda estadia em Paris, ao retornar de uma prolífica passagem pela Universidade de Oxford. Mas na Inglaterra também a sua filosofia encontrou sérias restrições e considerável resistência. A trajetória intelectual de Bruno pela Europa demonstra a sua tentativa de procurar lugares mais propícios à expressão da liberdade de pensamento fora da sufocante Itália da Contra-reforma, para onde retornou atraído por um aristocrata místico interessado em práticas de feitiçaria, sob o pretexto de aprender com ele a arte da memória, a mnemotécnica.

Maquiavel sonhou com a unificação da Itália. Hobbes rompeu com a influência da tradição religiosa e dos símbolos e mitos políticos com vistas à consolidação de um Estado que garantisse a paz. Giordano Bruno tinha uma compreensão semelhante: achava que a Igreja de seu tempo escavava um precipício, ao tentar impor uma visão dogmática do mundo. Mas o resultado, segundo Bruno, era afastar ainda mais as partes em conflito, num mundo dividido pelo dogma e pela intolerância expressos pelas Guerras de Religião deles derivadas. Ele propôs uma reforma que aproximasse católicos e protestantes numa época de embates religiosos violentos, como foi todo o século XVI e, inclusive, além.

Bruno pensou numa reforma da Igreja tendo como elemento de base a tolerância religiosa. Em sua concepção, os monarcas deveriam aceitar as

---

[61] Montaigne, 1972:254.

Noturno com Bruxas, Goya (1746-1828). Museu Lazaro Gandiano de Madri.

divergências internas de seus súditos em matéria de fé. Mas Bruno não desenvolveu um novo ideal de Estado: ele trabalhou de forma concentrada na escala do sentimento religioso. Queria substituir o que considerava as seitas fratricidas por uma religião superior. Como Platão, Aristóteles, Maquiavel, Hobbes, Voltaire, e uma série de outros intelectuais, ele também quis influenciar os príncipes de seu tempo, por meio da sua filosofia. Na Inglaterra, participou de uma onda mística de culto a Elizabete I, a quem chamava de "diva Elisabetta". No continente, aproximou-se de Henrique III e de Rodolfo de Habsburgo. Como ocorreu com outros filósofos, a intenção de Bruno malogrou diante do realismo político dos príncipes. Como nos faz recordar Kenneth Minogue,

> nas democracias liberais, os políticos esperam tranqüilamente morrer na cama. No mundo moderno (atual), só os despotismos recorrem ao pelotão de fuzilamento ou às ciladas. A política de alto risco do início da era moderna era fruto da insegurança dos governantes.[62]

Poucos pensadores sofreram como Bruno o impacto dos efeitos negativos dessa insegurança. Ora, a pretensão de Bruno era nada menos que reformar o poder, a partir do próprio poder. Ao que parece, pretendia civilizar o mundo, tornando-o mais habitável a homens de diferentes credos. A história de seu tempo demonstrou, com sobras de evidências, a pouca disposição dos governantes para empreender ações dessa natureza: "na quinta-feira, 17 de fevereiro de 1600, Giordano Bruno foi conduzido ao Campo dei Fiori, em Roma, para ser queimado vivo".[63]

Ao chamarmos a atenção para a complexidade dos temas que nos conduzem ao fanatismo religioso da época moderna, temos de levar em conta —

---

[62] Minogue, 1998:50.

[63] Huisman, 2001:172.

como fatores intervenientes — a Reforma, a Contra-reforma e o surgimento do Estado moderno. Esses são os fenômenos históricos globais mais importantes que criaram e reforçaram o processo de caça às bruxas e as Guerras de Religião. Foram esses fenômenos que — atuando no plano das idéias, dos sentimentos, das relações sociais e das leis — institucionalizaram os processos judiciais e as práticas de tortura, que deram cobertura à intolerância religiosa, tanto nas monarquias católicas quanto nos reinos protestantes.

Entre os fatores das justificativas ideológico-religiosas da caça às bruxas estava a crença de que tais pessoas possuíam dotes especiais, ou melhor, um misterioso poder de praticar ações que acarretassem o bem ou o mal de outras pessoas, de animais, e até mesmo em alguma espécie de interferência na natureza: chuvas torrenciais, seca das pastagens etc. O problema estava identificado com práticas mágicas, com interferências sobrenaturais. Não se tratava certamente de um desvio em relação ao dogma religioso, o que desvincula a bruxaria da heresia, que é, fundamentalmente, uma desobediência em relação aos preceitos da fé cristã, a partir da afirmação de outros preceitos religiosos.

Essa distinção ajuda a explicar por que as práticas mágicas de feiticeiras não sofreram grande perseguição em regiões em que a Inquisição foi forte, como Itália e Espanha. Como lembra o historiador francês Jean Delumeau, "na Espanha do século XVI e do começo do XVII, a urgência é expulsar os judeus e os mouros e vigiar os conversos. Assim, as pessoas não se inquietam excessivamente com feiticeiras".[64]

Isso significa que magia e religião são dimensões distintas. A primeira está sob o comando puramente humano, por meio de manipulações rituais diversas. A segunda escapa do controle e da vontade dos homens, pois depende apenas dos desígnios de entes sobrenaturais como os santos e Deus. Desde os meados do século XV a Inquisição não mais se engajou na repressão à bruxaria. Os tribunais seculares ocuparam esse lugar e, dependendo da região da Europa, puniam de forma distinta. Na Inglaterra, diferentemente dos países do continente, bruxas foram enforcadas não pela heresia

---

[64] Delumeau, 1996:393.

do culto ao diabo, mas como autoras de delitos comuns como roubo e assassinato.

O fenômeno da caça às bruxas durou cerca de 300 anos, estendendo-se de 1450 a 1750, aproximadamente. A violência praticada contra as bruxas, tanto por parte das autoridades eclesiásticas como leigas, está na evidência de que a prática de bruxaria levava a um pacto diabólico. Prestar homenagem ao diabo era um crime de lesa-majestade divina. Certamente, a justificativa de diabolismo era mais grave do que a acusação de que a bruxa era fonte geradora de malefícios às pessoas. Era mais grave, sobretudo, porque a bruxa seria responsabilizada por conspurcar a pureza da fé cristã, tentando contaminá-la com elementos de perversão.

Ao renegar a natureza sacrossanta da liturgia da missa para se engajar no seu escarnecimento — pela participação nos sabás —, a bruxa atentava contra os padrões morais da sociedade e, por conseqüência, contra a própria ordem pública. As manifestações de fanatismo contra as bruxas, que levaram a cruzadas intermitentes com vistas à erradicação do mal, têm a ver com uma alteração de perspectiva em relação àquelas criaturas que possuíam algum tipo de relação com forças sobrenaturais. Essa alteração de perspectiva ocorreu por volta dos meados do século XV na Europa.

A prática da magia ganhou progressivamente o sentido de apostasia. O mago será o agente do mal, porque identificado com a negação da religião. Ele não será mais visto como um delinqüente comum, mas como um servidor do diabo. Os tratados de demonologia, que ajudavam a identificar feiticeiras e orientavam os processos judiciais, foram instrumentos poderosos nas mãos de juízes fanáticos. Foram as sentenças desses, lidas publicamente nas cerimônias de execução, que tornaram compreensível a lógica erudita dos caçadores de feiticeiras à massa de camponeses e citadinos iletrados.

A caça às bruxas pode ser analisada como uma das muitas manifestações do fanatismo religioso. Alguns autores tentaram explicar o fenômeno como uma das ilusões de um tempo de sombras e obscurantismo. Autores como Swift e Voltaire foram os principais criadores dessa perspectiva. Desacreditando o sobrenatural desacreditavam também o misticismo. Mas, se de fato não mais podemos crer na possibilidade real de fenômenos sobrenaturais por trás de tais crenças, não devemos enveredar pela negação da realidade de tais crenças em seu tempo.

Hoje, trabalhamos na escala do sentido do impossível. Mas são numerosas as evidências históricas que demonstram que as bruxas, junto com as suas ações mágicas, tiveram existência real por toda a Europa medieval e moderna. Isso para afirmar que não podemos abordar o fanatismo religioso no contexto da cruzada contra as feiticeiras como fez Voltaire, atribuindo-o à ociosidade da nobreza nas longas e entediantes noites frias do Antigo Regime. Ora, a realidade da crença é insofismável. Está fixada em evidências documentais, como os tratados de demonologia e o que sobrou dos processos judiciais. Como afirmou um demonologista do início do século XVII — Henri Boguet —, a bruxa era uma realidade material, havia "bruxas aos milhares por toda parte, multiplicando-se sobre a terra como minhocas num jardim".[65]

Essa afirmação demonstra que os homens mais instruídos dos séculos XV, XVI e XVII acreditaram nas práticas mágicas e em seu corolário, o culto ao diabo. O maior pensador político do século XVI, Jean Bodin, que escreveu uma obra complexa como os *Seis livros da república*, foi também autor de um compêndio antibruxaria intitulado *Tratado de demonomania dos feiticeiros*.[66] Foram as mentes ilustradas do período as que mais contribuíram para a constituição e vulgarização da crença nas práticas de bruxaria.

Os letrados se apropriaram de uma série de elementos presentes nas crendices populares para construir um sistema próprio, em boa parte desconhecido da arraia-miúda. Essas justificativas ideológicas de teólogos e juízes fanáticos, em busca de poder, autoridade e reconhecimento para suas respectivas ordens, acirravam o ânimo dos membros do clero e das elites laicas. As abstrações teológicas produzidas nesses meios intelectuais

---

[65] Citado em Levack, 1988:23.

[66] Para apreciações do Bodin demonologista e a polêmica que travou com o médico Jean Wier, consulte-se: Febvre, 1948b; Mandrou, 1979.

eram muito complexas para o nível de entendimento dos segmentos não-letrados. A sofisticação dos letrados em sua defesa da cidadela cristã sitiada pelo mal alcançou seu ponto máximo com uma teoria conspiratória. As bruxas, a cada dia mais numerosas, estavam preparando o fim do cristianismo.

Naturalmente, essa justificativa de fanáticos religiosos ganhou sua máxima expressão ideológica quando as práticas mágicas passaram a ser identificadas com atos heréticos. O pacto diabólico fez do mago um herege: "doravante, ao menos no continente, tribunais eclesiásticos e leigos punirão a feitiçaria antes de tudo por causa de seu aspecto de traição em relação a Deus".[67]

O fanatismo religioso passou a fabricar alvos imaginários como o sabá. O fenômeno da caça às bruxas e o advento da Reforma se cruzaram na primeira metade do século XVI. A Reforma foi responsável por um arrefecimento de algumas décadas nos processos contra a feitiçaria, que retornaram com ímpeto nos últimos decênios do século XVI. A crença coletiva foi o elemento que sustentou o fenômeno por tanto tempo.

As elites dos letrados de diferentes regiões da Europa — advogados, juízes, teólogos, professores das universidades — elaboraram e aprimoraram as idéias antifeitiçaria por meio da literatura e dos próprios processos judiciais que entraram em curso. Essas idéias foram vulgarizadas para que pudessem ser compreendidas e interiorizadas pelo povo simples, que não participava do processo intelectual de criação dos mitos em torno do estereótipo da bruxa, a não ser como personagem passivo. Foram as noções cultas sobre bruxaria a principal fonte alimentadora do processo de perseguição durante três séculos de história.

Os homens de cultura deram forma "real" aos mitos e crenças de um imaginário popular repleto de seres imateriais, mas não necessariamente diabólicos e aterrorizantes. As impressões cultas sobre a bruxaria, ao conceber e difundir a crença em uma conspiração satânica contra a comunidade

---

[67] Delumeau, 1996:397.

cristã, desencadearam repressões à feitiçaria, que se espalharam por diversas regiões européias.

Leituras públicas de condenação das bruxas, propaganda dos reis instruindo o combate à bruxaria por parte das ordens religiosas, sermões antibruxaria, tratados de demonologia e a liturgia das próprias execuções nas fogueiras foram alguns dos instrumentos que serviram à instrução e à domesticação das massas incultas. Os temas abordados nos textos antibruxaria tornaram-se parte constitutiva do imaginário das autoridades e algo a ser compartilhado pelas camadas populares.

Foi essa atividade intelectual intensamente fanática que conseguiu introduzir uma noção culta como a do sabá no conjunto de noções antigas e populares sobre as práticas de magia. O fanatismo ilustrado dos juízes e escritores de tratados de demonologia contrastava com a visão naturalista dos iletrados. Onde camponeses viam manifestações populares e agentes da natureza em ação, como a festa dos loucos e suas inversões temporárias da ordem social, o olhar armado das autoridades enxergava uma trama diabólica atentando contra a fé cristã e a ordem do príncipe, como lembra Jean Delumeau, citando um documento da Faculdade de Teologia de Paris datado de 1444.

> As festas dos loucos e do Inocente desapareceram progressivamente no século XVI, não subsistindo mais além senão como vestígios arcaicos. Pois aqueles que nelas preenchiam funções de paródia "profanavam os sacramentos e as dignidades eclesiásticas".[68]

Em meio a esses fenômenos é preciso realçar o papel da mulher como elemento-chave na conservação e transmissão do patrimônio da tradição popular. Eram elas que detinham o monopólio local das curas, dos partos, da educação das crianças, chegando a desenvolver uma linguagem ritual cifrada. As mulheres, espécie de retaguarda da cultura camponesa, eram

[68] Delumeau, 1996:408.

motivo de freqüente inquietude para a hierarquia eclesiástica, por causa das dificuldades encontradas pela Igreja em controlar certas práticas rituais que muitas vezes escapavam completamente ao entendimento dos clérigos. Eram elas que transmitiam, de geração a geração, uma cultura popular contrastante e até divergente da ortodoxia católica.

Diante da impossibilidade de conter o fluxo dessas tradições centenárias, a Igreja tentou o controle da sociabilidade camponesa pelo emprego dos mais diversificados expedientes, tais como o terror das fogueiras e a culpabilização de inúmeras práticas sociais — como a interdição das tabernas para mulheres e crianças e a proibição do exercício de curas —, mas sem um efetivo controle, porque a força de coesão da cultura camponesa repousava sobre mecanismos de sociabilidade encarregados de se reproduzir identicamente entre as gerações, graças à encenação imutável dos papéis sociais, como explica Robert Muchembled.

O alvo preferido da caça às bruxas sempre foram, em sua maioria, mulheres de estratos sociais inferiores, sem influência e prestígio, mas tidas como uma perene ameaça aos poderes constituídos. Na base do estereótipo criado em torno da imagem feminina, a cultura medieval revela toda a sua força misógina, como bem aponta Georges Duby em seu livro *Idade Média, idade dos homens.* A cultura na "idade dos homens" creditava às mulheres uma inclinação natural à mistificação e à concupiscência, para servirem como armadilha para os homens no caminho da salvação.

A feitiçaria se escreve, diz Muchembled, de preferência, no feminino, porque o sexo feminino é, normalmente, o conservador das culturas arcaicas, aquele que conduz de bom grado os combates da retaguarda cultural na resistência ao processo de aculturação. Tal argumento reflete a tendência em enfocar as práticas de feitiçaria como uma persistência cultural do paganismo antigo, ainda não completamente absorvido pela religião cristã. Inegavelmente, as mulheres conservaram práticas de rituais e cultos antigos transmitidos de mãe para filha desde tempos imemoriais.

Em sua fase tardia, o fenômeno das práticas mágicas continuou associado à ação de mulheres. Entretanto, a feiticeira não foi também a subversiva que o grande Michelet retratou.[69] Tampouco foi a mística inspiradora de rituais secretos, nem a serva consciente e devotada ao diabo. Foi somente o bode expiatório de uma luta entre a modernidade que irrompia a passos largos na Europa a partir do século XVI e a resistência da cultura camponesa.

Ora, é bem conhecido o destacado papel que a monarquia absolutista desempenhou como agente estimulador da primeira hora e como o mais avassalador coeficiente de força na grande cruzada de caça às bruxas. Fato notável, assistiu-se na época moderna ao processo de desintegração dos elos comunitários, à desestruturação dos antigos laços de sociabilidade camponesa perpetuados durante séculos. E a caça às bruxas foi o agente catalisador dessa desintegração. Províncias inteiras, espaços-tempo que se desconheciam, seriam aproximadas pela ação do Estado, sob a égide da erradicação da feitiçaria.

Na reflexão do historiador francês Robert Muchembled, a árvore não deve ocultar a floresta: menos religiosa que política, a caça às feiticeiras foi uma pedra entre outras na obra de desencravamento dos campos. A feiticeira cede seu lugar central ao padre. A vingança privada recua diante da ordem pública. Os poderes exteriores progridem em direção ao centro da aldeia.[70]

A ascensão das limitadas monarquias feudais dos séculos XIV e XV rumo à conquista de um relativo poder soberano nos séculos XVI e XVII está relacionada ao desencadeamento do processo de caça às bruxas. O Estado passou a espalhar o pânico pelas províncias, principalmente entre as populações camponesas. A nova justiça do rei não buscava mais somente garantir a paz, como na Idade Média, mas tencionava definir uma pirâmide hierarquizada de delitos e de penas que culminariam na noção de lesa-majestade.

O crime de feitiçaria representava o coroamento dessa perspectiva, porque atingia a realeza sagrada. Diferentemente dos crimes comuns, a feiti-

---

[69] Ver Michelet, 1992.

[70] Ver Muchembled, 1993.

çaria foi vista como uma subversão da ordem divina e política. O fator explicativo da perseguição às práticas mágicas reside na profunda mutação ocorrida nas esferas política e institucional. A nova jurisdição, lentamente elaborada pelos legistas desde a recuperação progressiva do direito romano nos séculos XII e XIII, passou a atuar como um agente desagregador das antigas justiças locais.

Assim é que, a partir do século XVI, o Estado buscou regulamentar e uniformizar uma nova legislação, banindo quase definitivamente as leis privadas que regulavam todas as pendências pessoais e de grupo nas províncias, que por um longo tempo ainda fariam vista grossa ou mesmo teimariam em desconhecer os tribunais oficiais. A partir das insurgências sempre brutais do Estado absolutista contra a antiga ordem é que se assistiu à repressão às práticas mágicas e a um rápido abandono, por parte das populações camponesas, dos princípios de vingança privada.

Inúmeras regiões periféricas cederam diante da força da administração estatal e se incorporaram rapidamente ao novo cosmo político regido pela burocracia e pela legislação do Estado. Pode-se falar, com razão, que os processos de caça às bruxas foram uma verdadeira liturgia do medo. O fenômeno europeu das perseguições às feiticeiras, com todo o seu conteúdo de perseguições e violência, representava uma luta armada pela implantação da lei e da ordem propugnadas pelo Estado moderno.

Sem dúvida, o fenômeno das fogueiras na Europa moderna representou a última trincheira tomada à cultura folclórica, perpetuada e difundida pelas mulheres ao longo dos séculos. Naquele tempo não foi possível, mesmo ao preço de se queimar as pretendidas feiticeiras, destruir completamente o papel das mulheres na cultura camponesa. Em sentido análogo, parece ter sido impossível impor, por vastas regiões, uma concepção unificada da religião oficial, em detrimento das crenças populares.

As perseguições às práticas de feitiçaria — notáveis por sua longevidade, estendendo-se de forma mais sistemática do século XV ao XVII — adquiriram seu aspecto mais truculento no período em que a cultura européia atingia uma de suas épocas de máximo esplendor. É bom ressaltar que o Renascimento, compreendido na acepção que é dada pela atual historiografia, representou o grande *salto* do Ocidente. Como se expressou Jean

Delumeau, autor responsável por uma exploração em profundidade do que significou esse amplo movimento de civilização, o período representou a "promoção do Ocidente", se comparado a todas aquelas civilizações que, durante séculos, estiveram bem à frente da Europa cristã, em termos de conhecimentos científicos e domínio da natureza.[71]

Apesar de os primeiros esteios do racionalismo ocidental estarem fincados nesse período, e de Descartes ter dito que a razão era um bem natural igualmente repartido entre todos os homens, a época moderna é um tempo saturado de diabolismo. O grande Luís XIV, que se tinha na posição de lugar-tenente de Deus na Terra, e que efetivamente deteve por algum tempo a condição de árbitro de toda a Europa, é um bom exemplo da saturação de diabolismo da época, já que tremia diante da simples idéia do demônio. Como diz um contemporâneo, o duque de Saint-Simon, não é muito dizer que, sem o medo do diabo que Deus lhe permitiu conservar até durante os maiores desregramentos, ele se teria feito adorar e teria encontrado adoradores.[72]

O advento da imprensa e sua capacidade em movimentar um extraordinário volume de obras, até então circulando em número muito restrito, proporcionaram às elites européias um maior aperfeiçoamento de sua cultura intelectual, o que levou a um alargamento do fosso entre a erudição e a cultura folclórica. Assim, no início dos tempos modernos, inúmeras manifestações da cultura popular foram satanizadas pelas elites. É o caso, como já foi dito, da idealização dos sabás, uma construção teológica para expressar um ritual orgíaco de culto coletivo ao diabo, que nunca existiu na prática. O sabá era um mito inteiramente estranho às mentalidades populares. Foi pelas diligências do Estado absolutista que o mito satânico deixou o terreno da pura construção teológica dos clérigos para transformar-se em pretexto para o martelo exterminador do poder civil.

No que se refere ao declínio da feitiçaria na Europa moderna, um fato notável é a sua brusca interrupção em fins do século XVII, pelo menos no

---

[71] Ver Delumeau, 1985, v. 1.

[72] Ver Saint-Simon, 1951, v. 2.

caso da França. Robert Mandrou demonstrou que, por esta época, verificou-se "o deslocamento de uma estrutura mental" — uma alteração de perspectiva da jurisprudência — proporcionado sobretudo pelas inúmeras controvérsias dos juristas nas cortes e parlamentos: "o crime de feitiçaria cede lugar definitivamente até os nossos dias a um crime menor de charlatanice".[73]

Progressivamente, o medo de uma catástrofe como o Juízo Final foi se enfraquecendo. Bruxas e hereges passaram a não ser vistos como provocadores da ira divina. Agentes da cultura letrada começaram a perceber que o receio de males supostamente terríveis havia sido muitas vezes maior do que todas as manifestações reais de tais males. No dizer de Jean Delumeau, "uma cristandade, que se acreditava sitiada, desmobilizava-se".[74]

O emaranhado de concepções doutrinais que a cultura clerical produziu ao longo dos séculos XVI e XVII demonstrou o medo arrebatador de um mundo ameaçado. O mito satânico perdeu sua credibilidade entre os juízes, enquanto as elites ilustradas do Antigo Regime aprenderam a não mais considerar o cristianismo, já fragmentado pelas diversas linhagens doutrinais surgidas com a Reforma, como uma trincheira sitiada pelo diabo.

---

[73] Ver Mandrou, 1979:17.

[74] Delumeau, 1996:419.

Beato Guillaume de Toulouse, Fredau. Obra do século XV. Museu dos Agostianianos de Toulouse. Demônios tentam de forma mais ostensiva e freqüente as almas que se obstinam no bem.

4
Seitas da nova era

Tempo de profundas transformações sociais, o século XIX foi época marcada pelo "renascimento religioso". Os altos custos em sofrimento humano do grande número de guerras, a começar pelas napoleônicas; o crescimento da miséria e da exploração decorrente da expansão da Revolução Industrial, com suas cidades lúgubres e caóticas, apinhadas de trabalhadores famélicos; a rápida difusão da permissividade romântica propagandeada por Lord Byron, com sua amoralidade escandalosa; a vitória do liberalismo na esteira de um movimento intenso de crítica aos valores tradicionais, acompanhada do conceito *laissez-faire* de competição — que John Stuart Mill chamou de "pisoteamento, esmagamento e acotovelamento" —; todos são fatores que, combinados, provocaram o surgimento de uma sensibilidade maior à dor e ao sofrimento das massas como nunca se vira anteriormente.

Especialmente entre os setores médios das sociedades européia e norte-americana, a reação ao novo *ethos* liberal da civilização urbano-industrial tomou duas formas distintas: a solução socialista e a religiosa. Os socialistas denunciaram o mundo criado pela burguesia — onde "não sobrou outro nexo entre os homens que o puro interesse social, o empedernido pagamento em dinheiro (...) o calculismo egoísta" — e o aprofundamento da desigualdade social, preconizando a luta política revolucionária dos operários como meio para superar definitivamente a exploração de muitos por poucos. Outros grupos preferiram enfrentar o avanço da sociedade liberal envolvendo-se com movimentos de renascimento religioso que se espalharam por muitos países, no decorrer do século XIX e início do século XX.

Na Grã-Bretanha, o renascimento religioso ocasionou o aumento do número de igrejas estabelecidas, o surgimento de diversas ramificações evangélicas e de templos não-conformistas. Em 1830, o reverendo J. N. Derby criou a seita dos Plymouth Brethren. Em 1878, como conseqüência das Missões Cristãs iniciadas pelo reverendo William Booth, foi constituído o Exército da Salvação, a seita britânica mais notável e de maior penetração, com sua mensagem espiritual e uma preocupação ética no plano prático, que chama atenção por causa de sua forma paramilitar de organização.

Na Irlanda do Norte, surgiu a Grande Renovação, movimento religioso que perseguiu uma reforma geral no caráter moral, a eliminação da embriaguez e da profanidade. Também apareceram a Renovação Galesa, com os cantos arrebatados nas capelas, e a fundamentalista Igreja Livre da Escócia. Ainda na Escócia, em 1883, surgiu a Brigada dos Meninos, criada para o treinamento moral da juventude cristã.

Na França, ressurgiu o catolicismo, marcado pelo aparecimento de Santa Bernadete e do novo culto da Virgem Maria centrado em Lourdes, em 1858. O humilde *curé* Santo André Fournet (1752-1834) fundou 60 conventos de Filhas da Cruz. Francisca Cabrini (1850-1917) fundou 54 casas das Irmãs do Sagrado Coração. Maria di Rosa (1813-55) criou as Servas da Caridade para ajudar as operárias de Brescia.

Durante o século XIX, os Estados Unidos foram bastante prolíficos no ativismo reformador cristão. Em 1825, Charles Grandison Furney fundou uma seita em Nova York, preconizando a vida útil (e não uma vida santa) e criando seu "banco dos réus para pecadores". Em 1830, Joseph Smith (1805-44) desenvolveu a ética mórmon, logo após revelações e visões que teve sobre o *Livro de mórmon*, texto-base de sua doutrina, de importância igual à da Bíblia.

A Igreja Mórmon expandiu-se para Utah graças a Brigham Young (1801-77), adotando ali um estilo de vida peculiar e altamente eficaz, com ênfase na cooperação e na eficiência econômica, que tinha a poligamia como um princípio (abandonado em 1887 para dirimir conflitos com o governo estadunidense). A expansão para o Oeste, no plano da religiosidade, forneceu o impulso para o chamado *movimento de fronteira*, que exigia uma simplificação extremada da teologia. No *far west*, a vida religiosa das comunidades esparsas de colonos girava em torno da pregação do arrependimento e da leitura da Bíblia.

A Bíblia era tida como a *biblioteca dos fiéis*, isto é, como o depósito das verdades e dos saberes necessários à vida dos cristãos. E o mundo terreno era enxergado como o palco do combate perene do *bem* contra o *mal*. Assim, nas comunidades isoladas do Oeste americano, a leitura fundamentalista da Bíblia tornou-se regra, conformando os códigos de conduta que deveriam ser seguidos rigidamente por seus integrantes.

Tanto na Europa quanto nos Estados Unidos, o renascimento religioso do século XIX espalhou novos padrões de vivência religiosa, baseados na valorização dos sentimentos e das experiências individuais, uma religiosidade que se aproximava do irracional e rejeitava muitos aspectos da modernidade. Essa tendência alcançou o auge com o fenômeno das igrejas pentecostais, cujo surgimento, nos Estados Unidos, no início do século XX, foi avassalador. As Testemunhas de Jeová, os Adventistas do Sétimo Dia, a Assembléia de Deus e linhas da Igreja Batista arrebanharam principalmente negros e pobres, com uma teologia simplificada e uma atitude fundamentalista.

Aversão aos valores modernos, ênfase na família e na virgindade, obsessão com a justificativa bíblica (a utilização de versículos das Escrituras para justificar atos e condutas), preferência pelos textos de guerra do Antigo Testamento. Nessas igrejas congregacionistas floresceu uma visão militarista de Deus e desenvolveu-se o germe da intolerância religiosa. Seus fiéis posicionaram-se, no decorrer do século XX, contra as lutas pelos direitos humanos e as liberdades civis, lançaram anátemas contra os defensores do aborto e combateram o homossexualismo.

Compreende-se, então, por que no início do século passado o termo fundamentalismo era aplicado às novas seitas cristãs. Nos anos 1920, chamava-se de fundamentalismo a corrente teológica de origem protestante, desenvolvida nos Estados Unidos especialmente durante a I Guerra, que admitia apenas o sentido literal das Escrituras, opondo-se a toda interpretação histórica ou científica e professando o fixismo.

As seitas cristãs fundamentalistas americanas, desde então, dividiram-se em dois grandes grupos. Aquelas que assumiram uma atitude isolacionista, formando pequenas comunidades autocentradas, como o grupo Amish (cujos integrantes não reconhecem o Estado, não pagam impostos, não usam tecnologias modernas, não comem alimentos que não são mencionados na Bíblia). E as seitas dominadas por uma atitude missionária instrumental que buscam expandir valores fundamentalistas até mesmo por meio da conquista do poder político.

Entretanto, no decorrer do século XX, a dramaticidade e a carga de violência existentes em diversos acontecimentos no norte da África (Nigéria, Argélia e Egito), no Líbano, na Palestina, na Arábia Saudita, no Irã e no subcontinente indiano, nos quais a participação de grupos radicais islâmicos foi decisiva, promoveram uma mudança de sentido no termo fundamentalismo. Para as populações ocidentais, fundamentalismo passou a ser identificado com islamismo e a carregar um quê de fanatismo religioso ou mesmo violência sacra.

O conceito de fundamentalismo começou a ser empregado para explicar comportamentos e ações intransigentes por parte dos grupos islâmicos, principalmente depois da vitória dos aiatolás iranianos sobre o xá Reza Pahlevi, em 1979. Por influência da mídia, o Ocidente praticamente fechou os olhos para seus próprios fundamentalistas e fanáticos religiosos, para enxergar somente o fundamentalismo exótico que vinha do mundo islâmico, principalmente do Oriente Médio. O terrorismo da rede Al Qaeda, sobretudo após os ataques de 11 de setembro de 2001 contra as torres gêmeas de Nova York, e o prédio do Pentágono na capital dos Estados Unidos, deu tons ainda mais fortes à caricata identificação entre Islã e fundamentalismo.

É necessário enfrentar esse equívoco. Conforme o antropólogo inglês Ernest Gellner, o fundamentalismo pode ser entendido como a rejeição do relativismo na interpretação dos textos sagrados, acompanhada da exigência do cumprimento integral de uma orientação ou da observância de todo um sistema de conduta, que ganha sentido na sua totalidade integradora, permitindo a manutenção da identidade religiosa.[75] Para esse autor, o fundamentalismo estabelece como meta a invocação de um passado no qual se encontra a origem do sistema religioso, visto como a *Idade de Ouro*. Assim, segundo Gellner, o fundamentalismo existiria em muitas religiões, mas estaria no apogeu no Islã.

Antes de discutir a afirmação de Gellner sobre o fundamentalismo islâmico, convém examinar alguns episódios terríveis provocados pelo fanatismo religioso, nos séculos XIX e XX.

Séculos depois de encerradas as Cruzadas e as perseguições da Inquisição aos "infiéis", a cristandade continuou capaz de promover matanças cruéis, motivada pela fé. Essas matanças, nas quais o elemento religioso desempenha papel relevante, tiveram causas complexas, misturando ressentimentos nacionais, ódios políticos, iniqüidades sociais, ambições imperiais etc.

No fim do século XIX, a Rússia foi conturbada pelos *pogroms*, os massacres de judeus executados por cristãos ortodoxos. Ameaçados pelas rebeliões de camponeses e trabalhadores, os czares procuraram desviar a atenção do povo estimulando grupos anti-semitas a insuflar o ódio ortodoxo contra os judeus. Em 1882, ocorreu o assassinato do czar Alexandre II por jovens niilistas lançadores de bombas.

Um dos seis rebeldes condenados à morte pelo atentado era uma jovem judia, fato que o governo czarista aproveitou para reviver o anti-semitismo latente. Turbas de cristãos ortodoxos invadiram comunidades judias na Rússia, pilharam propriedades e espancaram judeus. Em seguida, o governo russo aprovou duras leis anti-semitas e os 35 mil judeus de Moscou foram expulsos.

Em 1903, outro *pogrom* teve início na Rússia. O governo czarista, em estreita articulação com a alta hierarquia da igreja ortodoxa, difundiu pela imprensa a idéia de que as agitações pré-revolucionárias que assolavam o país eram fruto de "manifestações judias". Paradas e comícios foram classificados pelo governo como "manifestos judeus", com o propósito de dissu-

---

[75] Ver Gellner, 1992:14 e segs.

A Inquisição dispunha de uma série de instrumentos de tortura para arrancar confissões dos prisioneiros. Nesta cena, o réu é elevado a uma certa altura para, em seguida, despencar em queda livre.

adir os russos ortodoxos de se juntarem às agitações. Como resultado dessa manobra, começaram os ataques aos bairros judeus. Na cidade de Odessa houve 300 mortos; em Yekaterinoslav, 120 mortos e muitos outros mais, em centenas de cidades. Os panfletos incitando os *pogroms* tinham sido impressos numa tipografia da polícia secreta czarista.

Nem mesmo a Revolução Bolchevique de 1917 interrompeu a terrível tradição de perseguição contra os judeus na Rússia. Ao contrário, o Exército Vermelho cometeu alguns massacres sob o *slogan* "ataque aos burgueses e aos judeus". Mas o Exército Branco anticomunista e as tropas ucranianas de cossacos trucidaram milhares de pessoas nas cidades judias; 530 comunidades judias foram atacadas e cerca de 60 mil judeus mortos.

À primeira vista, os *pogroms* não eram religiosos. Porém, observadas mais de perto, essas ondas de ataques odiosos contra os judeus refletiam a divisão religiosa da sociedade russa, na qual predominavam a fé ortodoxa e o ódio tradicional que os cossacos ucranianos, os camponeses e os padres ortodoxos alimentavam em relação aos judeus. Os *pogroms* mostraram que ainda estava bastante vivo o desprezo que, desde os tempos medievais, os cristãos tinham pelos judeus, os quais haviam rejeitado como párias da religião, chamando-os de os "matadores de Cristo" ou os "inimigos de Deus". Os *pogroms* russos dos séculos XIX e XX fazem parte de uma longa herança cristã de doutrinação e prática contra os judeus.

Outro episódio de violência coletiva, decorrente de arraigados ódios religiosos, nacionalistas e étnicos, foi o horror armênio que matou mais de 1 milhão de cristãos e muçulmanos durante a I Guerra. A Armênia era um enclave cristão no mundo muçulmano, parte componente do Império Otomano desde o século XVI. Na Armênia, uma maioria cristã convivia de modo tenso com uma minoria islâmica. No fim do século XIX, missionários protestantes conseguiam muitas conversões na Armênia, o que provocou o acirramento da rivalidade entre grupos ortodoxos e católicos que viviam na região. Surgiu então um movimento para criar uma Armênia cristã independente. Na década de 1890, começaram os massacres e o combate armado, que teriam matado 200 mil armênios. Em 1909, novo episódio de horror, produzindo cerca de 20 mil mortos.

Com a I Guerra, os armênios cristãos receberam o apoio da Rússia, que lutava contra a Alemanha, aliada do Império Otomano. Os cristãos rebelaram-se contra a Turquia e massacraram muçulmanos. Na cidade de Van, queimaram a parte muçulmana e mataram 30 mil pessoas. A reação da Turquia foi imediata e violenta. O exército turco atacou os cristãos armênios e realocou à força as comunidades armênias. Calcula-se que, entre 1915 e 1920, foram mortos 600 mil armênios e 2,5 milhões de muçulmanos, numa guerra intercomunidades travada por forças irregulares muçulmanas e cristãs. Séculos depois das Cruzadas, a Ásia Menor tornou-se cenário de genocídios, de enfrentamento sanguinário de cristãos e muçulmanos.[76]

Esses episódios de violência envolvendo cristãos são pouco conhecidos da opinião pública mundial. Todavia, algumas manifestações recentes do fanatismo cristão, mesmo causando número muito menor de vítimas, geraram forte comoção em decorrência da cobertura de mídia que receberam. É o caso do suicídio coletivo dos seguidores do Templo dos Povos, em Jonestown, na Guiana, em 1978. Um tipo diferente de horror religioso que espantou o mundo.

A tragédia, que matou 914 pessoas (entre as quais quase 300 crianças), foi responsabilidade de um só ministro, o reverendo Jim Jones. Ainda jovem em Indiana, EUA, Jones fundou o Templo dos Povos, uma congregação multirracial de pobres. Fornecia sopa para os necessitados, asilo para os velhos, roupas para os maltrapilhos e liderou campanhas para combater a segregação racial. Jones adquiriu fama, a ponto de tornar-se, em 1961, chefe da Comissão de Direitos Humanos de Indianápolis.

Então Jones se proclamou profeta de Deus, depois, o próprio Jesus Cristo. Realizou milagres, executando formas de cura pela fé. Chegou a pregar que o mundo acabaria no dia 15 de julho de 1967. Por volta de 1964, Jones mudou-se para a zona rural de Ukiah, na Califórnia, acompanhado por 150 seguidores. Em 1971, a congregação mudou-se outra vez,

[76] Em 1988, tumultos entre armênios cristãos e muçulmanos xiitas do Azerbaijão duraram 11 meses, causaram mais de 100 mortes e o envio de tropas soviéticas para o local.

para um bairro negro de São Francisco. Oferecendo vários serviços sociais, o Templo dos Povos cresceu rapidamente, alcançando 20 mil seguidores. O reverendo Jim Jones ganhou prestígio, inclusive junto ao governador Jerry Brown e ao prefeito George Moscone.

Mas começaram a surgir rumores inquietantes sobre o Templo dos Povos: violência contra crianças, abusos sexuais, apropriação dos bens e dos cheques dos seguidores adultos etc. Jim Jones e muitos de seus seguidores começaram a passar grande parte do tempo na Guiana, na colônia de Jonestown. Em 1977 e 1978, as denúncias contra o Templo dos Povos aumentaram na imprensa americana. Parentes de residentes em Jonestown solicitaram ao secretário de Estado, Cyrus Vance, e ao Congresso ajuda para remover seus familiares daquele "campo de concentração".

A visita de uma comissão americana a Jonestown, integrada pelo deputado Leo Ryan e por funcionários do Departamento de Estado, repórteres e parentes dos colonos, em novembro de 1978, precipitou a tragédia. No segundo dia de visita à colônia, quando se preparavam para regressar levando consigo colonos que imploraram para sair, os membros da comissão foram atacados a tiros. Morreram cinco pessoas, inclusive o deputado Ryan, 11 pessoas foram feridas e as demais fugiram para a selva.

Na colônia, o reverendo Jones reuniu seus seguidores, anunciou a execução da comitiva do congressista e disse aos fiéis que era hora do suicídio em massa. Segundo o *The Sunday Times*, Jones teria declarado: "se vocês me amam tanto quanto eu amo, devemos todos morrer ou ser destruídos de fora para dentro". Os fiéis do Templo dos Povos de Jonestown ingeriram refresco de fruta com cianeto; Jim Jones matou-se com uma bala na cabeça. Um punhado de membros escapou para a selva e sobreviveu.

Na tragédia de Jonestown, o fanatismo mostra-se por inteiro. Na paixão cega que leva centenas de pessoas a excessos — provocar a própria morte e a de outros indivíduos — em nome de uma religião. Na ação delirante de um líder que se julga inspirado pela divindade.

Em Waco, Texas, o fanatismo dos seguidores da seita cristã Ramo Davidiano provocou, nos anos 1990, a morte de quase uma centena de pessoas. Em 1934, um grupo de Adventistas do Sétimo Dia fundou ali uma comunidade conhecida como Monte Carmel. A comunidade possuía um centro de estudos teológicos e levava uma vida autônoma, sem conflitos com as autoridades e os habitantes de Waco. O líder fundador de Monte Carmel era reverenciado como um profeta e anunciava a volta de Jesus Cristo. Em 1983, a facção denominada Ramo Davidiano Águas Vivas passou a controlar a comunidade, sob a liderança de David Koresh.

Koresh profetizou que seus seguidores entrariam em conflito com forças do governo dos Estados Unidos no ano de 1995. Em razão de tal profecia, os integrantes de Monte Carmel começaram a estocar grande quantidade de armas, situação que despertou a atenção do governo. Em fevereiro de 1993, agentes chegaram a Monte Carmel para dar ordem de prisão a Koresh, acusado de posse ilegal de armas. Houve tiroteio, o que provocou a morte de quatro agentes e de seis seguidores de Koresh. O FBI cercou a comunidade, mas Koresh não se entregou, declarando que Deus lhe aconselhara aguardar. O líder de Monte Carmel fez uma série de sermões, anunciando o final dos tempos. O cerco do FBI arrastou-se até meados de abril de 1993, quando as forças do governo tentaram invadir Monte Carmel. Ocorreu então um incêndio, no meio de intenso tiroteio, resultando na morte de 80 pessoas, incluindo Koresh.

A África também foi berço de seitas cristãs fundamentalistas. Uma delas, o rastafarismo, está associada à resistência liderada pelo imperador Hailé Selassié (1891-1975), conhecido como Ras Tafari, contra a conquista italiana da Etiópia. Em torno da figura do imperador surgiu um novo cristianismo africano, ou melhor, um movimento místico que pregava que os rastafarianos seriam os verdadeiros judeus, negros por causa dos pecados do passado, e a Etiópia seria a terra prometida. Os rastafarianos eram antipermissivos, antibrancos e militantes, embora considerassem aceitáveis drogas leves como a *cannabis*.

O movimento adquiriu força na Jamaica, e espalhou-se pelas Antilhas de língua inglesa, tornando-se um movimento cultural e político, além de religioso.[77] Outra seita cristã, militante, conservadora e puritana surgiu no

---

[77] Os rastafáris da Jamaica acreditam que o país representa sua própria "Babilônia", e que eles formam uma das tribos perdidas de Israel. Por meio da música (o *reggae*) e dos costumes (cabelos trançados), os rastafáris divulgaram o movimento místico e político dos negros jamaicanos.

Congo, em 1921. Foi fundada por Simon Kimbangu (1890-1951), no bojo da reação à opressão belga. Os seguidores de Kimbangu rejeitavam o álcool, o tabaco, a dança e a poligamia. Também na África, o profeta zulu Isaías Shembe (1880-1935) fundou a igreja dos nazaritas, em 1911, dotada de ética fundamentalista e puritana.

É bom lembrar que prosperaram seitas cristãs irracionais e excêntricas, principalmente nos Estados Unidos. É o caso da Igreja do Manuseio da Cobra, no Tennessee, constituída por um grupo bastante puritano que manuseia cascavéis como teste de pureza. Esta igreja foi criada por George Went Henley, em 1909. Outro exemplo é a Igreja Americana Nativa, fundada em 1918, que encorajava o uso do peiote asteca (planta que fornece substância alucinógena, a mescalina) para fortalecer sua capacidade de atração de novos seguidores.

Mito antigo, o sacrifício ritual de crianças foi uma das muitas crenças recriadas por teólogos e demonólogos cristãos para a acusação de judeus, hereges e feiticeiros.

5
Linhagens orientais e fundamentalismo islâmico

O imperialismo europeu estendeu suas conquistas até a Ásia, alcançando a China e o subcontinente indiano. Populações numerosas e diversas, dotadas de culturas milenares e sofisticadas, tiveram que se dobrar à exploração econômica européia, na forma de protetorados ou de simples domínio colonial. Os problemas de aculturação resultantes desse processo adquiriram grande intensidade. Os valores europeus chocaram-se com as tradições dos velhos povos asiáticos.

Um dos efeitos dessa situação de "fricção cultural" foi uma grande efervescência de idéias no seio das religiões orientais. Em 1844, Sayyid Ali Muhammad se declarou, no Irã, o *bab* anunciador em contato com o imã oculto e foi executado por heresia. Um dos seus seguidores, Mirza Husein Ali Baha Ullah (1817-92), recebeu a revelação de que aquele era o eleito de Deus, fazendo parte de uma linhagem inacabada de profetas que incluía Jesus, Krishna, Maomé e outros.

Mirza Husein Ali viajou, em 1863, para Bagdá, onde fundou o bahaísmo, uma ramificação do islamismo que enfatizava a concordância entre a ciência e a religião, promovia a igualdade, a paz, a educação, o bem-estar, o direito ao trabalho e a libertação das mulheres de sua sujeição tradicional. Baha Ullah autoproclamou-se novo emissário divino, foi preso pelos turcos e enviado para uma prisão em Acre, onde morreu em 1892. A nova fé Baha'i era uma religião vigorosa e bastante atualizada, muito mais liberal do que o Islã normativo. Porém, como se mostrará adiante, foi perseguida pelos muçulmanos xiitas do Irã.

Também o hinduísmo foi modernizado primeiro por Anya Sanaj (1828-83) e, depois, por Sri Rama Krishna Para ma ham (1836-86), chamado de o "Wesley hindu". Eles perseguiram o ideal da compaixão, promoveram aproximações entre o racionalismo e a teologia do hinduísmo tradicional. Rama Krishna deu o importante passo de concluir que todas as religiões eram na verdade muito semelhantes e que todos os deuses eram "o mesmo Rama com mil nomes, assim como a água tem diferentes nomes em diferentes línguas".

No lado islâmico da Índia, Mirza Ahmad (1839-1908) foi o liberalizador do Islã, tarefa para a qual contou com a ajuda do pensador muçulmano Mohammed Iqbal (1876-1938), que defendia a igualdade para as mulheres e rejeitava a mitologia corânica. O budismo também produziu líderes modernizadores e o sikhismo encenou um renascimento no século XIX, especialmente com a fundação da Sociedade Singh, em 1873, na região de Amritsar.

Nessa tradição de modernização religiosa situaram-se dois grandes líderes indianos do século XX. O primeiro deles é Mahatma Gandhi (1865-1948), que dava igual valor ao Corão, à Bíblia e às escrituras hindus, além de sonhar com um Estado indiano integrado, sem divisões entre hindus e muçulmanos.[78] O outro líder foi Mohammad Al Jinnah (1876-1948), condutor de 90 milhões de muçulmanos em jornadas que afirmavam que os dois deuses eram um e que o amor deveria substituir a cobiça.

Todavia, como mostra o martírio de Gandhi, as correntes modernizadoras das religiões orientais encontraram forte resistência no subcontinente indiano. Ódios religiosos, humilhações coloniais, fervor nacionalista, apego às tradições e incompreensões geraram explosões de violência. Um exemplo sinistro é o Motim dos Sipaios, ocorrido na Índia em 1857, deflagrado pela combinação de tabus religiosos hindus e muçulmanos.

---

[78] Ver Van der Veer, 1994.

A Companhia das Índias, que governava a então colônia britânica da Índia, empregava 250 mil mercenários nativos, chamados sipaios. Essas tropas foram armadas com rifles Enfield, que usavam cartuchos untados com sebo animal, embrulhados em papel, que tinham de ser abertos com os dentes. Isso enfureceu os sipaios hindus (porque consideravam as vacas sagradas) e os muçulmanos (porque consideravam os porcos animais impuros).

A revolta começou em Meerut. A cidade foi devastada pelos sipaios e todos os europeus que encontraram foram mortos. Os rebeldes seguiram para Déli, onde mataram os europeus. Em Kanpur, no vale do Ganges, massacraram os soldados ingleses, suas mulheres e filhos. A custo os ingleses conseguiram vencer os sipaios hindus e muçulmanos, contando com a providencial lealdade dos sipaios sikhs da região do Punjab, que odiavam os revoltosos. A repressão britânica ao motim foi bárbara.

A *dharmiklarai* ("violência religiosa") aumentou na Índia durante o processo de independência do país. Já na década de 1930, ocorreram em muitas cidades tumultos fatais entre muçulmanos e hindus. Os conflitos prosseguiram depois da II Guerra, fato que levou a Grã-Bretanha a criar a Índia para os hindus e o Paquistão para os muçulmanos. Teve início, então, um gigantesco movimento de migrantes hindus que saíam do Paquistão para a Índia e, no sentido contrário, de muçulmanos da Índia para o Paquistão.

O ódio religioso das multidões migrantes que se cruzavam nas áreas fronteiriças explodiu em massacres. Calcula-se que 1 milhão de pessoas morreram no desmembramento da antiga colônia, entre as quais o próprio Gandhi, assassinado por um hindu que o considerava excessivamente pró-muçulmano. As hostilidades envolveram também os sikhs, que aumentaram a matança sob o comando de Tara Singh.

Desde o final da década de 1940, a matança religiosa desencadeada por fanáticos hindus, muçulmanos e sikhs não cessou. Os incidentes se sucedem, motivados por pretextos diversos. Em 1980, em Moradabad, tumultos entre hindus e muçulmanos mataram mais de 200 pessoas. O motivo foi um porco que atravessou solo sagrado muçulmano, que teria sido conduzido por hindus, conforme acusação dos muçulmanos. Em 1983, os confrontos entre os dois grupos ocorreram em Assam, deixando 2 mil mortos. Em 1984, na região de Bombaim, novos confrontos de multidões armadas causaram mais de 200 mortos e 13 mil desabrigados.

A razão do episódio: um líder hindu pronunciou um discurso antiislã, que os muçulmanos responderam com um insulto religioso — penduraram sandálias sujas sobre o retrato do líder hindu. Em 1989, houve conflito em Indore, com o saldo de pelo menos 15 mortes. No ano de 1992, em Ayodhya, mais um conflito entre hindus e muçulmanos, com mais de 10 mil mortes. A batalha entre hindus e muçulmanos ocorreu em função de uma disputa de solo sagrado. Os hindus tentaram construir um templo sobre o local onde acreditam ter nascido Lorde Rama, mas os muçulmanos se recusaram a demolir uma mesquita que existe nesse lugar.

O radicalismo sikh na década de 1980 transformou-se em terrorismo e gerou milhares de vítimas. Os seguidores sikhs de um pregador fundamentalista, Jarnail Bhindranwale, tentaram criar o *Kalistão* (a "terra dos puros"), uma teocracia independente na região de Punjab. Estimulados pelo líder Bhindranwale, que ensinava que os sikhs têm "a obrigação religiosa de enviar seus oponentes para o inferno", os fanáticos sikhs atacaram e mataram famílias hindus.

Em 1984, os extremistas sikhs entrincheiraram-se no Templo Dourado de Amritsar, o santuário mais sagrado dos sikhs. O exército indiano, por ordem da primeira-ministra Indira Gandhi, desocupou o templo. Na luta morreram mil pessoas, inclusive Bhindranwale. Então os sikhs da guarda pessoal de Indira a assassinaram, o que desencadeou a ira dos hindus. Em três dias, 5 mil sikhs foram mortos brutalmente por turbas de hindus.

Até hoje, o terrorismo sikh continua ativo, colocando bombas em aviões indianos, assassinando hindus desprevenidos em casamentos, festivais religiosos e encontros familiares. Os ataques ocorrem principalmente no Punjab. Já na Caxemira, a violência entre radicais hindus e muçulmanos continua produzindo vítimas e levando Índia e Paquistão a aproximaremse perigosamente do estado de guerra.

Há no cenário político contemporâneo da Índia o avanço de um fundamentalismo nacional-hindu, que luta pela dessecularização da sociedade e a transformação do país numa comunidade onde os muçulmanos serão cidadãos de segunda classe. Esse movimento está alicerçado no Bharatiya Janata Party (BJP), que assumiu o poder em 1998, com o primeiro-ministro Atal Behari Vajpayee. Uma vez no poder, o BJP tornou-se mais moderado. Grupos extremistas hindus continuam a pressionar pela implantação de seu programa.

Nem mesmo o país mais rico e moderno da Ásia escapou ao horror provocado por cultos "destrutivos". Em março de 1995, a seita japonesa chamada Verdade Suprema, liderada por Shoko Asahara, realizou atentado com gás sarin contra o metrô de Tóquio, matando imediatamente quatro pessoas e ferindo milhares de outras. Mais tarde foi descoberto que o líder Asahara ordenara o seqüestro e assassinato, em 1989, de um advogado contrário à seita e que integrantes da Verdade Suprema realizaram, em junho de 1994, atentado com gás sarin na cidade de Matsumoto, onde morreram sete pessoas.

A seita Verdade Suprema, fundada em 1984 por Asahara quando retornou de uma viagem de "iluminação" à Índia, misturava interpretações idiossincráticas da ioga, do budismo, do cristianismo e até de escritos de Nostradamus. Em 1992, Asahara publicara um livro no qual dizia ser ele próprio o Cristo, o único "mestre iluminado" do Japão e o "Cordeiro de Deus". Sua missão pessoal seria a de "carregar" os pecados do mundo, afastar o carma ruim de seus seguidores e transferir-lhes poder espiritual.

Para o líder Aum, havia conspirações globais orquestradas por judeus, religiões japonesas rivais e maçons. Por meio do rádio, a seita chamava os Estados Unidos de "a besta do Livro das Revelações" e predizia que a América atacaria o Japão. E divulgava uma profecia apocalíptica: o fim seria anunciado por uma erupção no monte Fuji e um ataque de gás sobre Tóquio; haveria, em seguida, um Armagedom nuclear, extinguindo a humanidade. A missão da seita era não apenas pregar a palavra da "salvação", mas também sobreviver ao "fim dos tempos".

Os esforços dos membros da Verdade Suprema para realizar a profecia de Asahara promoveram o recrutamento de especialistas da comunidade científica japonesa e o desenvolvimento de armas químicas e biológicas. O ataque com gás contra Tóquio supostamente seria a faísca que faria explodir o conflito final da visão profética de Asahara. Na última mensagem gravada do líder para seus seguidores, eles foram convocados a realizar seu plano para a "salvação" e para "encontrar a morte sem arrependimentos". O caso da seita Verdade Suprema fornece uma advertência: grupos fanáticos têm clara disposição para tornar realizáveis as predições apocalípticas de seus líderes.

Para muitos ocidentais, o mundo muçulmano vegeta na pobreza porque sua cultura é arcaica, repressiva, imobilista e estaria inoculada pelo veneno de não acreditar no indivíduo, na liberdade e na democracia. Os governos autoritários e as elites corruptas dos países muçulmanos, além de alimentar o atraso do mundo islâmico, estariam criando o caldo de cultura necessário para que a nova face do mal que ameaça a civilização se desenvolva: o islamismo radical. A pátria da intolerância e do fanatismo religioso seria o Islã, porque estaria escrito no "código genético" do islamismo ser uma religião agressiva e fundamentalista.

É verdade que a segunda maior religião do mundo empreendeu guerras sangrentas para crescer. O profeta Mohammed (Maomé) conquistou Meca pela força, lutou nove batalhas e ordenou várias outras. Enfrentou os ricos de Meca, que ameaçaram constantemente sua vida, bem como as tribos beduínas da península Arábica que lutavam entre si há séculos. Foi a nova fé anunciada por Mohammed que unificou a Arábia. Depois da morte do Profeta, em 632, seus sucessores — os califas — promoveram a expansão da fé islâmica por meio de guerras de conquista, as guerras santas ou *Jihads* ("lutas pela causa de Deus").

Primeiro conquistaram a Síria, o Iraque, a Palestina, o Egito e a Pérsia (atual Irã). Depois, lançaram-se para o Oriente, chegando até a Índia, e para o Ocidente, dominando o norte da África e a península Ibérica. É preciso considerar, contudo, que tanto o Corão quanto a Sunna proíbem as conversões forçadas e atribuem direitos e deveres aos que integram os *povos do Livro* (cristãos e judeus), chamados *dhimmi* ("protegidos pelo Estado Islâmico"). Por isso, havia boa dose de tolerância religiosa nas áreas dominadas pelos muçulmanos, de que é prova o esplendor cultural de Toledo, na Espanha medieval.

Simultaneamente à expansão do Islã, tiveram início lutas e divisões internas na *Umma* ("a comunidade muçulmana"). Os xiitas, seguidores de Ali, genro de Mohammed, lutaram guerras perdidas contra a maioria sunita. Os ultrafanáticos azariquis atacavam os "pecadores" e suas famílias. Nos séculos XII e XIII, uma pequena seita ismaelita, conhecida pelo nome de Assassinos, enfrentou violentamente os califas sunitas.

Em missões suicidas, matadores solitários enviados pela seita mataram homens santos, estadistas sunitas, generais e dois califas. Durante as Cruzadas, os Assassinos fizeram dois atentados contra Saladino, sem êxito, e mataram o comandante cristão Conrad de Montferrat. A seita operava a partir de uma rede de fortalezas situadas nas montanhas do Irã e do Iraque. Sobre os Assassinos, Marco Pólo escreveu que se dava haxixe aos membros da seita para que agissem sem pensar.

No século XVIII, surgiu o grupo dos muçulmanos wahhabis na península Arábica. O fundador da seita foi Mohammed al-Wahhab, pregando que o Islã havia sido corrompido pela mundanidade e deveria ser purificado pelo fogo.[79] Ele declarou guerra contra "os infiéis" — nesse caso, os próprios muçulmanos. Após a morte do líder, exércitos de beduínos wahhabis conquistaram várias cidades da península Arábica, massacrando os habitantes, no início do século XIX. Os turcos e os egípcios atacaram e derrotaram os wahhabis, dispersando-os. A fermentação fanática dos membros da seita não cessou. No início do século XX, os "irmãos" fanáticos wahhabis dominaram toda a Arábia e criaram o moderno reino da Arábia Saudita, em 1934.

Na África oitocentista, seguidores do Islã provocaram ondas de violência. Em 1804, Usman dan Fodio, um religioso nigeriano, lançou uma *jihad* contra o sultão de Gobir. A luta durou quatro anos, resultando na queda do sultão e milhares de mortos. Em 1854, na atual República do Mali, o líder religioso Umar al-Hajj lançou uma *jihad* contra os povos pagãos e os muçulmanos da etnia fulani. À frente de 10 mil homens, Umar al-Hajj aterrorizou a região, decapitou oponentes, realizou massacres, até ser derrotado e morto numa caverna. Na segunda metade do século XIX, a África Central foi o palco de diversas revoluções islâmicas iniciadas por meio da *jihad*.

[79] Wahhab defendia um retorno ao Islã da primeira geração, rejeitava todo misticismo, santos adicionais e as idéias incorporadas desde a morte do Profeta. O wahhabismo tornou-se um foco para o protesto contra a infiltração européia. Produziu os *mujahadin* ("guerreiros santos") da Índia e do Afeganistão.

Com a criação do Índex das Obras Proibidas nos meados do século XVI, surgiu uma poderosa censura sobre a circulação de obras impressas, muitas das quais consideradas de inspiração demoníaca. Livros são atirados a uma fogueira, na presença de censores do Santo Ofício.

Esses movimentos estavam associados à penetração ocidental no continente, que era vista pelos muçulmanos como o início da Era da Decadência, resultando na perda da identidade religiosa e da soberania política. No Sudão, ocorreu a mais espetacular dessas revoluções islâmicas. Por volta de 1880, o religioso Muhammad Ahmad se autoproclamou o *mahdi* ("aquele que é divinamente guiado" e que será o restaurador da fé) e declarou uma *jihad* contra os egípcios, os europeus e os potentados africanos que se sujeitaram à intervenção ocidental.

Os combatentes de Ahmad destruíram um exército egípcio de 10 mil homens, invadiram Cartum e massacraram seus defensores, inclusive o general inglês *"Chinese"* Gordon. O sucessor do *mahdi* tentou declarar guerra contra todo o mundo islâmico, mas acabou vencido por forças anglo-egípcias numa campanha sanguinária. Um pelotão liderado por *sir* Herbert Kitchener — no qual atuava o jovem oficial Winston Churchill — metralhou 20 mil "madistas" sudaneses em um único dia.

Vale lembrar que, em decorrência dos encontros com a cultura e a economia do Ocidente, outras partes do mundo islâmico produziram movimentos de reforma, de natureza muito distinta dos ressurgimentos fundamentalistas liderados pelos *mahdis*. Uma vertente do reformismo foi a corrente otomana de que o renascimento do Islã deveria vir pela via da política, na busca da conciliação da modernidade ocidental com a doutrina muçulmana. Assim, no século XIX, a Turquia lançou uma série de reformas legais.

O resultado foi o surgimento de um sistema com dois níveis: a lei sagrada, que se aplicava aos assuntos particulares, e o direito público, que era secular. E buscou-se traduzir para a linguagem islâmica algumas categorias tipicamente européias. Um exemplo disso foi a prática corânica da *Shura* ("consulta aos crentes"), redefinida como a forma moderna que a democracia assumiu no mundo muçulmano. O movimento dos Jovens Turcos acabou transformando a Turquia numa exceção no mundo islâmico, porque, depois da deposição do califa, Mustafá Kemal *"Ataturk"* implantou a separação de religião e Estado e, em 1926, ocorreu a substituição da *shariah* ("a jurisprudência" derivada dos textos sagrados) por um código civil que julga as pessoas segundo uma lei comum, independentemente de religião.

O exemplo da Turquia mostra que não há como imputar ao islamismo, *tout court*, uma inclinação atávica para o arcaísmo, o imobilismo e o radicalismo. Porque há um Islã pacifista, moderado, cosmopolita, ilustrado. O Islã de Ibn Ruchd ou Averróis (1126-98), o maior filósofo de Córdoba, que desejava combinar a religião com o pensamento filosófico e científico. O Islã do sufismo, que incentiva a reclusão e a meditação, a vida ascética e a crença num deus amoroso com quem o homem pode alcançar a união mística, cujo maior expoente foi Halladj (858-922), executado em razão de intrigas da corte abássida de Bagdá. O Islã apreciador de imagens que havia no Afeganistão do século XV. Tolerante e moderada também era a atitude do islamismo defendido por Al Jinnah, o líder muçulmano na Índia às vésperas da independência.

Na cosmopolita Sarajevo, os muçulmanos conviviam bem com diferentes religiões, num clima de paz rompido tragicamente pelos ataques do exército e das milícias sérvias no início da década de 1990. Com gosto pela liberdade e respeito às mulheres, o islamismo professado pelo comandante Massoud — líder afegão morto pelo Taleban em 2001 — destoava inteiramente do clima de opressão e fanatismo fundamentalista que imperava no regime chefiado pelo *mullah* Omar.

O Islã moderado sempre teve inimigos, numerosos e poderosos. Os muçulmanos fanáticos mostraram-se especialmente ativos no século XX. Um exemplo destacado é a Irmandade Muçulmana, movimento político-religioso sunita que defende um regime islâmico conforme a *shariah* e preconiza a solidariedade de todos os muçulmanos do mundo. Fundada no Egito em 1928, por Hassan al-Bannã, a Irmandade Muçulmana expandiu-se pelo Oriente Médio. Seus integrantes acreditavam que "a bandeira do Islã deve cobrir o gênero humano e cada muçulmano tem por missão educar o mundo segundo os princípios do Islã". E deviam prometer lutar para realizar essa missão enquanto vivessem, para isso, se necessário, sacrificando tudo que possuíssem.[80]

A Irmandade Muçulmana envolveu-se ativamente na guerra árabe-israelense de 1948, depois na guerra antibritânica no canal de Suez (1951/52), apoiou o golpe de Nasser (1952), mas acabou opondo-se ao poder de Nasser a partir de 1954. Muitos de seus membros foram aprisionados e

---

[80] Massoulié, 1994:29.

executados, em 1954 e 1966. Os que restaram foram libertados no período 1971-73, reorganizaram o movimento que gerou grupos extremistas dissidentes, responsáveis por ações violentas no Egito em 1974, 1977 e 1981 (assassinato do presidente Anwar al-Sadat, considerado um traidor da religião porque assinara o Tratado de Camp David, reconhecendo Israel).

Em 1982, membros da Irmandade Muçulmana iniciaram uma revolta em Hama, na Síria, matando autoridades do governo local e suas famílias. O presidente Hafez Assad, muçulmano alawita, ordenou repressão brutal aos revoltosos. O exército sírio destruiu a cidade, matando 20 mil pessoas. Logo em seguida à ação que arrasou Hama, o governo realizou execuções em massa. No ano seguinte, o xeque Saad e-Din el'Alami de Jerusalém publicou uma *fatwa* ("decreto religioso") prometendo a qualquer muçulmano que assassinasse o "infiel" Hafez Assad um "lugar no Paraíso pela eternidade".

No Sudão, quando o país se libertou da Grã-Bretanha, em 1956, recomeçaram os conflitos entre os muçulmanos do norte e os cristãos e animistas do sul. A partir de 1955, os sulistas, temendo a imposição sobre eles de instituições islâmicas, rebelaram-se. Seguiu-se uma guerra entre norte e sul que matou cerca de 500 mil pessoas e durou até 1972, quando se chegou a uma trégua. Porém, em 1983, a matança recomeçou, principalmente porque o presidente Gaafar Muhammad al-Nimeiry submeteu o país inteiro à *shariah*.

As lutas entre os cristãos e as tropas do governo causaram baixas enormes, destruição de povoados e ondas de fome. A deposição de Nimeiry, em 1985, não pôs fim ao conflito, porque seu sucessor, Sadiq al-Mahdi, não aboliu a *shariah*. A guerra civil recrudesceu e, com ela, a fome. Até hoje a luta prossegue e já matou mais de 1 milhão de pessoas no Sudão.

Mesmo sendo um país marcado por grande rigor islâmico, a Arábia Saudita, desde os anos 1980, vive sobressaltada pela ação de radicais religiosos sunitas e xiitas. No ano de 1979, o sunita Juhaiman al Otaiba proclamou-se um novo *mahdi* que ia "limpar" a Arábia Saudita, expulsando todos os não-muçulmanos e abolindo a televisão e a instrução para as mulheres. Em novembro de 1979, Juhaiman e cerca de 200 seguidores invadiram a Grande Mesquita de Meca, onde estavam 40 mil peregrinos para o *hajj* ("o retorno ao relicário") anual. O exército saudita recebeu autorização para retomar à mesquita, seguindo-se nove dias de lutas palmo a palmo dentro do templo. Morreram 255 soldados, fanáticos e peregrinos. Juhaiman e seus seguidores restantes foram capturados, julgados e sentenciados à morte por um tribunal religioso secreto.

No mesmo ano, os xiitas desafiaram o governo wahabi durante o festival de Ashura, que comemora o martírio de Hussein, neto de Mohammed. Apesar da proibição, os xiitas realizaram autoflagelações. A polícia interveio e a multidão reagiu, quebrando lojas e incendiando automóveis. Nesses tumultos morreram 17 xiitas. Mais mortes aconteceram depois que o exército saudita foi enviado à região para impor a ordem. Conflitos envolvendo radicais muçulmanos, durante o *hajj* a Meca, voltaram a ocorrer em 1987 (cerca de 400 mortos) e 1989, ambos deflagrados por xiitas.

Atualmente, a Arábia Saudita é palco de uma espécie de guerra civil subterrânea que opõe a família real wahhabi a muçulmanos ainda mais fundamentalistas, ligados à Al Qaeda de Osama bin Laden; estes últimos consideram que a monarquia saudita é "infiel", porque aliou-se aos Estados Unidos. O país é, portanto, alvo regular de atentados de extremistas religiosos.

De meados da década de 1970 até o início dos anos 1990 o Líbano se dividiu pela fé. Cristãos maronitas, muçulmanos xiitas e sunitas começaram a formar milícias e enfrentaram-se numa guerra civil que destruiu o país, causando mais de 130 mil mortes. Beirute foi dividida pela "linha verde", separando os setores cristão e muçulmano da cidade. Franco-atiradores cristãos e homens-bomba sunitas vitimaram milhares de civis; ocidentais de várias nacionalidades foram assassinados e/ou seqüestrados.

Na guerra civil libanesa surgiram grupos radicais: o Hezbollah ("Partido de Deus"), facção xiita ligada ao Irã; a milícia xiita Amal, ligada à Síria; a milícia Tawheed, de fundamentalistas sunitas; e a Jihad Islâmica, de orientação xiita. Esses grupos empregam o terrorismo como instrumento de luta política e continuam bastante ativos no Oriente Médio. O Hezbollah e a Jihad Islâmica promovem atentados suicidas e ataques armados contra alvos israelenses, tanto a partir de territórios palestinos quanto do sul do Líbano.

A maior vitória dos fundamentalistas islâmicos foi a conquista do Irã, em 1979. A Revolução Iraniana, liderada pelo aiatolá Khomeini, implantou no país uma teocracia xiita. Os *mullas* (o clero xiita) assumiram o poder no Parlamento, aprovaram leis islâmicas rígidas, fecharam o país para o Ocidente e inundaram o Irã com *slogans* de ódio contra os "infiéis". Em meio à guerra contra o Iraque, resultante da invasão do Irã pelas tropas de Saddam Hussein, o aiatolá Khomeini disse a seu povo, em dezembro de 1984:

> A guerra é uma bênção para o mundo e para todas as nações. É Deus que incita os homens a lutar e a matar. O Corão diz: "Lute até que toda corrupção e toda rebelião tenham cessado". As guerras que o Profeta liderou contra os infiéis foram uma bênção para toda humanidade (...) O Corão diz: "Guerra, guerra até a vitória"(...) Os mulas de corações corruptos que dizem que tudo isso é contrário aos ensinamentos do Corão são indignos do Islã (...) Matar os descrentes é uma das maiores missões do homem.[81]

O "governo de Deus na Terra" estabelecido por Khomeini promoveu torturas e execuções, que caíram sobre os discordantes do regime e também sobre os baha'is, muitos deles, inclusive mulheres e crianças, enforcados em público. A seita foi oficialmente declarada proscrita, seus integrantes expulsos de seus empregos, escolas e lares, porque os aiatolás os consideravam "pervertidos", "instrumentos de Satã e seguidores do diabo e das superpotências".

Cerca de 40 mil baha'is fugiram do Irã. Em 1989, Khomeini lançou uma convocação para o assassinato do escritor inglês Salman Rushdie, autor do livro *Versos satânicos*, que havia sugerido que as revelações a Mohammed contidas no Corão não vieram do céu. Rushdie passou a viver escondido, sob proteção da polícia inglesa, e muitos governos ocidentais reduziram suas relações diplomáticas com o Irã.

Convém anotar que o impulso religioso fundamentalista que dirigiu a Revolução Iraniana respondia a um processo de ocidentalização do país, levado a cabo pela dinastia Pahlevi, grande aliada dos americanos. O governo do xá Reza Pahlevi era caracterizado pela corrupção e forte repressão, a cargo da polícia secreta Savak. Os xiitas conservadores, desejosos do retorno à severa lei islâmica, souberam manipular o descontentamento da maioria do povo. No curso da história, religião e política freqüentemente aparecem imbricadas.

Também a África é conturbada pela ação de grupos islâmicos fundamentalistas. Na Nigéria, os confrontos de muçulmanos contra muçulma-

---

[81] Haught, 2003:186.

nos arrastam-se desde a década de 1980. O país está potencialmente dividido, porque nas regiões do norte cresce a aplicação da *shariah* pelas autoridades e líderes religiosos locais, despertando contra-reações do governo e repúdio internacional. Em 2000, choques entre muçulmanos e cristãos causaram 2 mil mortes em Kaduna, no norte do país.

Em 2002, novos conflitos ocorreram em Kaduna, dessa vez por causa de um concurso de beleza, provocando 200 mortes. Na Tunísia e na Argélia, partidos islâmicos fundamentalistas vêm ganhando força e praticam massacres no interior, além de atentados terroristas nas capitais. Grupos muçulmanos armados também atuam em diversas regiões da Ásia, como a Indonésia, as Filipinas e a Chechênia.

Por que esta efervescência fundamentalista no mundo islâmico? A resposta para esta pergunta deve levar em consideração pelo menos três aspectos. Conforme Gellner, o fundamentalismo islâmico está associado à rejeição dos muçulmanos ao processo de secularização, o que alimenta a criação de diversos movimentos que propõem a volta à Idade de Ouro, período que corresponderia ao advento do Profeta até o califado Abássida.[82]

O segundo aspecto refere-se ao fato de que o Islã é uma religião que pretende completar a revelação divina, porque Mohammed é o último mensageiro de Deus. Por isso, os muçulmanos consideram as mensagens reveladas anteriormente como distorcidas pelos seus seguidores. O terceiro aspecto é a noção fundamental de que religião e política são interligadas, a ponto de a lei abarcar tanto a dimensão temporal quanto a espiritual. Por ter sido revelada por *Allah*, não cabe aos teólogos ou aos fiéis questionar a lei.

Mais do que isso, a *shariah* subordina o Poder Executivo ao Legislativo e os *ulama* ("os doutores da lei") têm o dever de ser responsáveis pela cobrança do cumprimento da observância da fé islâmica. A combinação dos fatores citados favorece o constante surgimento de interpretações fundamentalistas dos textos sagrados e das tradições islâmicas, em resposta a problemas políticos e sociais novos.

É claro que a incapacidade do Estado de dar melhor condição de vida ao povo, fato que se verifica na ampla maioria dos países muçulmanos, abre

---

[82] Ver Gellner, 1992:14 e segs.

espaço para a mensagem fundamentalista. Como a maioria das sociedades muçulmanas está cada vez mais pobre, debatendo-se no subdesenvolvimento e amargando humilhações geopolíticas desde o século XIX, muitos dos seus integrantes sentem a necessidade de uma "defesa ideológica" contra a incerteza e o ressentimento que os insucessos históricos colocaram sobre os ombros dessas sociedades. O fundamentalismo islâmico, baseado na ideologia da vitimação e na valorização de teorias conspiratórias, fornece uma resposta simples e direta para aquela necessidade.

O radicalismo islâmico contemporâneo modernizou o conceito de *jihad*, que era visto apenas como elemento de defesa dos muçulmanos, dotando-o de uma função de ataque e, também, de luta intelectual pela causa de Deus, isto é, a produção de estudos teológicos e de obras que conclamam os muçulmanos a se posicionar diante do avanço dos valores ocidentais. Os radicais estão recuperando e cultuando os "heróis" muçulmanos como o *mahdi* do Sudão. Para recrutar novas levas de seguidores, eles também têm utilizado o antagonismo contra a cristandade ocidental que está amplamente presente no mundo muçulmano, notadamente no Oriente Médio. Afinal, no imaginário de diversos povos islâmicos, sobrevive uma longa história de interações conflituosas com o Ocidente e percepções negativas referentes aos cristãos.

Assim, os radicais bloqueiam as ações das elites modernizantes e das correntes intelectuais laicas dos países muçulmanos, dificultando o diálogo com o Ocidente. O reconhecimento da virulência dos grupos fundamentalistas islâmicos radicais não deve levar, contudo, à adoção de uma atitude alarmista, como a que insiste no "choque de civilizações". Isso porque "a maioria dos muçulmanos não é fundamentalista, e a maioria dos fundamentalistas não é terrorista",[83] embora numerosos terroristas atuais sejam muçulmanos e se orgulhem disso.

[83] Lewis, 2003:137. Acerca do fundamentalismo islâmico ver também: Demant, 2004; Esposito, 1996; Lewis, 2002; Ali, 2002; Rashid, 2003; Said, 1990 e 1995.

O Inferno, Pieter Huys. Imagem do século XVI. As almas condenadas sofrem castigos por seus pecados.

6
O futuro do fanatismo

O *revival* religioso nos Estados Unidos e o fundamentalismo militante dos grupos evangélicos naquele país, bem como o avanço dos movimentos islâmicos "integristas" na África, no Oriente Médio e na Ásia sugerem que a aposta iluminista está definitivamente perdida. A perda de influência social da religião, tomando-se em conta esses sinais, não está sendo verificada na maior parte do mundo. Então, cabe perguntar: o futuro do fanatismo religioso é promissor? Até onde a vista alcança há razões para crer que o fanatismo religioso, potencializado pela globalização, continuará produzindo episódios de intolerância e violência.

A modernidade competitiva, produtivista e excludente promove por toda parte a corrosão das identidades individuais e coletivas que davam sentido para a vida das pessoas e dos grupos sociais e abala profundamente a tradição que fornecia o elemento de coesão social em muitos lugares do planeta. A modernidade gera "desencaixes" que causam sofrimento e desorientação, tanto no plano individual quanto no social.

Freqüentemente, esses desencaixes são vistos como sintomas de uma Era de Decadência que estaria prestes a levar de roldão grupos sociais e sociedades inteiras. Como forma de enfrentar essa situação, a reflexividade individual e coletiva esforça-se para gerar "reencaixes", isto é, para construir traços e relações pessoais e coletivas relativamente estáveis que reafirmem o pertencimento do indivíduo a um grupo, uma classe, uma religião, uma etnia etc. O fundamentalismo parece ser um caso de reengate reflexivo com a tradição, uma resposta direta aos problemas surgidos com a modernidade.

Os movimentos religiosos fundamentalistas realizam a recuperação seletiva de doutrinas, crenças e práticas de um passado tido como sagrado. Esses elementos são modificados e sancionados pragmaticamente: servem, por um lado, para mobilizar a resistência ao avanço das idéias, das práticas e dos valores estranhos à comunidade e, de outro, para estabelecer pautas de reivindicações e inovações doutrinárias. Dessa forma, numa perspectiva sociológica, os movimentos fundamentalistas contemporâneos operam, paradoxalmente, a modernização da tradição e a redefinição do pertencimento (do indivíduo e do grupo) à modernidade. Eles são parte indissociável do processo de globalização assimétrica.

Nas sociedades afluentes, onde campeia o consumismo, homens e mulheres para os quais foi negado o sucesso pessoal, restando-lhes somente o lugar de "perdedores" — a condição de *outro* na gíria do capitalismo *yuppie* —, ficam suscetíveis ao apelo de seitas e cultos "destrutivos" e de grupos evangélicos fundamentalistas, como ocorre nos Estados Unidos. No interior dessas novas comunidades, o indivíduo salva seu próprio eu da dor e da anomia. Mas, para isso, submete-se ao comando de um líder carismático e aceita plenamente a verdade *única* do líder, que é o fator de coesão comunitária.

Essa verdade, revelada ao "fiel" e apenas a ele, restitui ao desvalido a capacidade de se situar na nova ordem mundial e, simultaneamente, transforma muitas vezes as pessoas que não integram a nova comunidade em inimigos. Como um carrasco transformado em vítima, teria a religião se tornado nas sociedades capitalistas avançadas o que o sexo era para os vitorianos: um impulso natural recalcado, condenado a "retornar" sob formas truculentas e rancorosas?

Nas sociedades tradicionais afetadas por contatos com o Ocidente, onde ocorreram a destruição de conjuntos culturais e institucionais seculares e o enfraquecimento das formas locais de solidariedade, sem que essas sociedades tivessem logrado uma inserção apropriada na nova ordem mundial, um conjunto crescente de indivíduos experimenta condição terrível: não é parte do novo e nem vive à sombra protetora da tradição. Desesperançados e, não raro, desesperados, esses indivíduos deixam-se seduzir por aqueles que oferecem a causa do retorno à tradição. Tornam-se presas fáceis do radicalismo fundamentalista.

Num caso como no outro, pululam grupos novos, militantes e puritanos, dotados de características comuns. Tais grupos dão origem a comunidades rigorosamente ascéticas e impõem códigos morais estritos e mesmo regressivos a seus seguidores. Além disso, eles rejeitam a moderna lógica científica e grande parte dos valores da modernidade, vivenciando uma religião sentimental e simplificada, que persegue fervorosamente as virtudes da "pureza" e da "lealdade".

Essa religião radical costuma produzir o revigoramento das noções de sacrifício e de martírio, o que faz do suicídio e da disposição de destruir evidências de fé. Por conseguinte, talvez mais no Oriente do que no Ocidente, as diferenças religiosas adquirem renovado potencial para gerar fanatismos e violências, e o fanatismo e a violência alimentam o zelo religioso.

Acontecimentos recentes corroboram o ponto de vista apresentado anteriormente. Desde o 11 de Setembro, marcado pelos ataques da Al Qaeda contra o World Trade Center, em Nova York, e a sede do Pentágono, em Washington, tanto o Ocidente quanto o Oriente enfrentam a escalada de ações terroristas islâmicas, intervenções militares lideradas pelas tropas anglo-americanas, brigas sobre véus e outros símbolos religiosos nas escolas francesas e até disputas sobre trajes de concursos de beleza na África negra islâmica, episódios que juntos sinalizam o acirramento das tensões e conflitos entre etnias, grupos sociais e religiosos em diversas partes do mundo. Uma evidência chocante deste clima de "guerra cultural" é fornecida pelos incidentes causados pela publicação de charges dinamarquesas sobre o profeta Maomé, de que resultaram até o momento dezenas de mortos desde a Líbia até o Paquistão.

A violência em nome de Cristo. Em uma cena ilustrativa das Cruzadas, o rei Ricardo I, da Inglaterra, assiste à decapitação de sarracenos. Do lado esquerdo, uma multidão de prisioneiros aguarda o momento do sacrifício. Ao fundo do cadafalso, os que já se enfileiram para a degola. À frente, o verdugo brande a espada. Abaixo, os corpos decapitados.

A batalha das charges dinamarquesas é reveladora de tendências da contemporaneidade, sob a hegemonia da globalização neoliberal. De um lado, na Europa e nos Estados Unidos verifica-se uma crescente polarização antimuçulmana. Avança a islamofobia. Ao retratar o Islã coroado com o símbolo global do mal — Maomé portando um turbante em forma de bomba, com o pavio aceso —, o caricaturista dinamarquês manifestamente associou uma religião com o terrorismo, a barbárie, o fanatismo. Europeus e norte-americanos conservadores, xenófobos e racistas crêem nessa associação. Dessa forma, as charges citadas trazem mais água para o moinho cotidiano das figurações ocidentais do Islã: comunidade religiosa formada por terroristas encapuzados, mulheres cobertas por burcas, multidões enfurecidas.

De outro lado, nas ruas de grandes cidades muçulmanas no Líbano, na Palestina, no Irã, na Síria, no Afeganistão, no Paquistão, na Líbia e na Indonésia, protestos violentos contra representações diplomáticas e sedes de ONGs européias, na esteira da publicação das charges em jornais europeus, mais uma vez incitaram o ódio contra o Ocidente, acusado de desdenhar de toda religião. Manipuladas por governos autoritários, as massas islâmicas reavivaram mitos anti-semitas e visões caluniosas da Europa e dos Estados Unidos, tidos como domínios exclusivos da impiedade, do consumismo rasteiro, do hedonismo sem freios e das liberdades sem limites. Instrumentalizadas por líderes políticos e religiosos que rejeitam a presença do Ocidente nas crises do Oriente Médio, as multidões que saíram para protestar nas ruas das cidades islâmicas contra as charges dinamarquesas também vocalizaram a mensagem de que haveria uma oposição irredutível entre o Ocidente liberal e o Islã.

Essas incitações de desprezo e ódio de parte a parte, entre o Ocidente e o Oriente, servem somente à agenda política da "guerra de civilizações", aos regimes autoritários e à rede jihadista do terrorismo internacional. Elas empurram as identidades coletivas na direção do apego a passados idealizados e a tradições inquestionadas, levando líderes políticos e religiosos a assumir atitudes agressivas e excludentes. Então, abre-se maior espaço para os fanáticos demagogos, hábeis na manipulação de fiéis, enquanto ocorre a retração do raio de manobra das pessoas moderadas e dos estadistas prudentes. Desaparece, por conseguinte, o imperativo categórico que baliza os diálogos e contatos frutíferos entre povos e culturas: "nada em demasia" deve ser dito ou feito.

Pior ainda, a batalha em torno das charges dinamarquesas contribui para obscurecer a percepção de que, há décadas, as sociedades em toda parte vêm-se tornando plurais. O "outro" está diante de "nós" na rua, no trabalho, no parque, na escola. Se o Islã, por exemplo, adentrou a Europa e os Estados Unidos, como pode alguém seguir acreditando em um mundo que se apresenta predominante ou hegemonicamente "nosso" — cristão, ocidental, racional, liberal, progressista —, contraposto a um "outro" mundo hostil que seria islâmico, oriental, irracional, despótico, tradicionalista? A mesma pergunta pode ser formulada em relação aos países do Oriente e da África. Se a cena contemporânea ressalta a pluralidade humana, mais do que nunca o pluralismo político deve ser a base da democracia. É preciso aceitar a presença do "outro", escutar seu próprio entendimento e anseio, dar-lhe oportunidades reais, ainda que isso pareça desterrar-nos do lugar que julgamos merecer.

Para curar a "peste das almas" e derrubar os fanatismos, convém lembrar do remédio proposto por Theodor Adorno (1950): colocar em presença e convívio os que discriminam e os que são alvo dessa discriminação, esclarecendo e ensinando sobre si mesmos no cotidiano. Tarefa difícil, demorada, prova de paciência e de tolerância. Exercício de compreensão e de razão.

Referências bibliográficas

ADORNO, Theodor W. et al. *The authoritarian personality*: studies in prejudice. New York-London: Harper & Row, 1950.

ALI, T. *Confronto de fundamentalismos*. Rio de Janeiro: Record, 2002.

ALPHANDÉRY, P. *La chrétienté et l'idée de croisade*. Paris: Albin Michel, 1954.

ARENDT, H. *Entre o passado e o futuro*. São Paulo: Perspectiva, 1972.

ARMSTRONG, K. *Em nome de Deus*: o fundamentalismo no judaísmo, no cristianismo e no islamismo. São Paulo: Companhia das Letras, 2001.

BAUBÉROT, J. *História do protestantismo*. Lisboa: PEA, 1987.

BOBBIT, P. *A guerra e a paz na história moderna*. Rio de Janeiro: Campus, 2003.

BRUCE, S. *Religion in the modern world*: from cathedrals to cults. Oxford: Oxford University Press, 1996.

BURY, J. Nuevas concepciones: Montesquieu, Voltaire, Turgot. In: ——. *La idea del progreso*. Madrid: Alianza Editorial, 1971.

CALVINO, I. *Por que ler os clássicos*. São Paulo: Companhia das Letras, 1993.

CARDINI, F. *Magia, brujería y superstición en el Occidente medieval*. Barcelona: Crítica, 1982.

CASALS, P. *As fogueiras do rei*. Rio de Janeiro: Record, 1992.

CASSIRER, E. *O mito do Estado*. São Paulo: Códex, 2003.

CERVANTES, M. *Dom Quixote de la Mancha*. São Paulo: Abril Cultural, 1981.

CHARTROU-CHARBONNEL, J. *La Reforme et les Guerres de Religion*. Paris: Armand Colin, 1938.

COHN, N. *Europe's inner demons*. An enquiry inspired by the great witch-hunt. London: Chatto, 1975.

DEFOE, D. *As aventuras de Robinson Crusoé*. Porto Alegre: LP&M, 1997.

DELUMEAU, J. *A civilização do Renascimento*. v.1. Lisboa: Estampa, 1985.

______. *História do medo no Ocidente 1300-1800*. São Paulo: Companhia das Letras, 1996.

DEMANT, P. *O mundo muçulmano*. São Paulo: Contexto, 2004.

DIDEROT, D. *O sobrinho de Rameau*. São Paulo: Abril Cultural, 1973a.

______. *Suplemento à viagem de Bougainville*. São Paulo: Abril Cultural, 1973b.

______. *A religiosa*. São Paulo: Abril Cultural, 1980.

DUMAS, A. *A rainha Margot*. São Paulo: Companhia das Letras, 2001.

ECO, U. *O nome da rosa*. Rio de Janeiro: Nova Fronteira, 1985.

ESPOSITO, J. *El desafio islâmico*. Madri: Acento Editorial, 1996.

FEBVRE, L. *Le problème de l'incroyance au XVIe siècle*. La religion de Rabelais. Paris: Albin Michel, 1948a.

______. Sorcellerie, sottise ou révolution mentale. *Annales ESC*, Paris, v. 3, n. 1, 1948b.

FRAZER, J. *O ramo de ouro*. Rio de Janeiro: Zahar, 1982.

GELLNER, E. *Pós-modernismo, razão e religião*. Lisboa: Instituto Piaget, 1992.

GINZBURG, C. *O queijo e os vermes*. São Paulo: Companhia das Letras, 1996.

GOLDZINK, J. *Voltaire, la légende de Saint Arouet*. Paris: Gallimard, 1994.

HAUGHT, J. A. *Perseguições religiosas*. Rio de Janeiro: Ediouro, 2003.

HUISMAN, D. *Dicionário dos filósofos*. São Paulo: Martins Fontes, 2001.

HUME, D. *Ensaios morais, políticos e literários*. Rio de Janeiro: Topbooks, 2004.

HUNTINGTON, S. *O choque de civilizações e a recomposição da ordem mundial.* Rio de Janeiro: Objetiva, 1997.

JOHNSON, P. *História do cristianismo.* Rio de Janeiro: Imago, 2001.

KESTEN, H. *O demônio do Escurial.* São Paulo: Ibrasa, 1956. (Biografia de Filipe II da Espanha).

LASKI, H. *O liberalismo europeu.* São Paulo: Fundo de Cultura, 1973.

LE GOFF, J. As mentalidades: uma história ambígua. In: ______ et al. *História:* novos objetos. Rio de Janeiro: Francisco Alves, 1976.

LE ROY LADURIE, E. *O Estado monárquico.* França 1460/1610. São Paulo: Companhia das Letras, 1994.

______. *Montaillou, povoado occitânico.* São Paulo: Companhia das Letras, 1997.

LEONARD, E. Les croisades. In: GROUSSET, R.; ______. *Histoire universelle.* De l'Islam à la Réforme. Paris: Gallimard, 1957.

LEVACK, P. *A caça às bruxas na época moderna.* Rio de Janeiro: Campus, 1988.

LEWIS, B. *O que deu errado no Oriente Médio?* Rio de Janeiro: Jorge Zahar, 2002.

______. *Os assassinos*: os primórdios do terrorismo no Islã. Rio de Janeiro: Jorge Zahar, 2003.

MACKAY, C. *Ilusões populares e a loucura das massas.* Rio de Janeiro: Ediouro, 2001.

MANDROU, R. *Introduccion a la Francia Moderna (1500-1640).* Ensayo de psicologia histórica. México: Uteha, 1969.

______. *Magistrados e feiticeiros na França do século XVII.* São Paulo: Perspectiva, 1979.

MASSOULIÉ, F. *Os conflitos do Oriente Médio.* São Paulo: Ática, 1994.

MICHELET, J. *A feiticeira.* Rio de Janeiro: Nova Fronteira, 1992.

MINOGUE, K. *Política*: uma brevíssima introdução. Rio de Janeiro: Jorge Zahar, 1998.

MONTAIGNE. *Ensaios.* São Paulo: Abril Cultural, 1972.

MONTESQUIEU. *Cartas persas*. Belo Horizonte: Itatiaia, 1960.

MUCHEMBLED, R. L'autre côté du miroir: mythes sataniques et réalités culturelles au XVIe et XVIIe siècles. *Annales ESC*, Paris, v. 3, n. 2, 1985.

______. *Société, cultures, mentalités dans la France moderne*. Paris: Armand Colin, 1993.

______. *Uma história do diabo*. Rio de Janeiro: Bom Texto, 2001.

NISBET, R. *História da idéia de progresso*. Brasília: UnB, 1985.

NOGUEIRA, C. R. F. *O diabo no imaginário cristão*. São Paulo: Ática, 1986.

______. *O nascimento da bruxaria*. São Paulo: Imaginário, 1995.

OZ, Amos. *Contra o fanatismo*. Rio de Janeiro: Ediouro, 2004.

PINSKY, J.; PINSKY, C. B. (Orgs.). *Faces do fanatismo*. São Paulo: Contexto, 2004.

POMEAU, R. *Voltaire*. Paris: Seuil, 1994.

PRANDI, R. Raça e religião. *Novos Estudos Cebrap*, São Paulo, n. 42, 1995.

RASHID, A. *Jihad*. São Paulo: Cosaq & Naify, 2003.

ROBESPIERRE, M. *Discursos e relatórios na Convenção*. Rio de Janeiro: Eduerj/ Contraponto, 1999.

ROTERDÃ, E. *O elogio da loucura*. São Paulo: Martins Fontes, 2000.

SAID, E. *Orientalismo*: o Oriente como invenção do Ocidente. São Paulo: Companhia das Letras, 1990.

______. *Cultura e imperialismo*. São Paulo: Companhia das Letras, 1995.

SAINT-SIMON, Louis de Rouvroi (Duc de). *Mémoires*. Paris: Hachette, 1951. v. 2.

SALLMANN, J. M. *As bruxas noivas de Satã*. Rio de Janeiro: Objetiva, 2002.

SILVA, O. *Histórias e mistérios dos templários*. Rio de Janeiro: Ediouro, 2001.

SWIFT, J. *Panfletos satíricos*. Rio de Janeiro: Topbooks, 1999.

TUCHMAN, B. *A marcha da insensatez*. Rio de Janeiro: José Olympio, 1986.

VAN DER VEER, P. *Religious nationalism*: hindus and muslin in India. Berkeley: University of California, 1994.

VOEGELIN, E. *The new science of politics*. Chicago: The University of Chicago Press, 1952.

VOLTAIRE. Du protestantisme et de la guerre des Cévennes. In: ______. *Oeuvres historiques*. Paris: Gallimard, 1957a.

______. Examen important de Milord Bolingbroke ou le tombeau du fanatisme. In: ______. *Oeuvres historiques*. Paris: Gallimard, 1957b.

______. Le siècle de Louis XIV. In: ______. *Oeuvres historiques*. Paris: Gallimard, 1957c.

______. Sur la superstition. In: ______. *Mélanges*. Paris: Gallimard, 1961.

______. Apis. In: ______. *Dictionnaire philosophique*. Paris: Gallimard, 1994a.

______. Fanatisme. In:______. *Dictionnaire philosophique*. Paris: Gallimard, 1994b.

______. Secte. In: ______. *Dictionnaire philosophique*. Paris: Gallimard, 1994c.

______. Histoire de Jenni ou le Sage et l'Athée. In: ______. *Romans et contes*. Paris: Librairie Générale Française, 1994d.

______. La princesse de Babylone. In:______. *Romans et contes*. Paris: Librairie Générale Française, 1994e.

______. L´ingénu. In: ______. *Romans et contes*. Paris: Librairie Générale Française, 1994f.

______. L'Homme aux quarente écus. In: ______. *Romans et contes*. Paris: Librairie Générale Française, 1994g.

______. *Deus e os homens*. São Paulo: Martins Fontes, 1995.

WOLIN, S. *Política y perspectiva*. Continuidad y cambio en el pensamiento político occidental. Buenos Aires: Amorrortu Editores, 1973.

YATES, F. *Giordano Bruno e a tradição hermética*. São Paulo: Cultrix, 1986.

Esta obra foi impressa pela
Markgraph Gráfica e Editora Ltda. em papel
off set Alta Alvura — Suzano para a Editora FGV
em maio de 2006.